D1708158

Traduction / Translation: Charlotte Ellis

Coordination éditoriale / Editorial co-ordination: Éric Germain

Recherche bibliographique / Bibliographic research: Élisabeth Essaian

Cartographie / Map: Sylvain Le Stum

Révision / Copy editing: Frances Faure, Françoise Viel

Maquette / Design: La Page, Bruxelles

I.S.B.N. 2-909283-51-8

149, rue de Rennes, 75006 Paris

PARIS

ARCHITECTURE

1900 • 2000

par Jean-Louis Cohen
et Monique Eleb

photographies d'Antonio Martinelli

33 Bâtiments / 33 Buildings

SOMMAIRE / CONTENTS

Paris dans le miroir du temps

Jean-Louis Cohen
Monique Eleb

Après plusieurs décennies d'une certaine stagnation, Paris a retrouvé une place éminente sur la scène architecturale mondiale. Programmés pour être inaugurés en 1989 au moment de la célébration du bicentenaire de la Révolution française, les « grands travaux » lancés lors du premier septennat de François Mitterrand sont parvenus alors à capter l'attention du grand public bien au-delà des frontières de la France. Ils ont amorcé, dans une certaine mesure, la réconciliation des citoyens avec l'architecture, en tout cas avec celle des bâtiments publics, tout en permettant une relecture de l'ossature monumentale de la capitale.

Mais l'aboutissement spectaculaire de ces grandes entreprises se conjugue aussi avec une recomposition en profondeur de la culture architecturale française, qui avait connu une crise très profonde après la Seconde Guerre mondiale comme le révèle le choix des édifices présentés plus loin, fort peu nombreux pour les trois décennies allant de 1940 à 1970. L'éclosion parallèle d'une multitude de réalisations, peut-être moins spectaculaires que les « chantiers du Président » des années 1981-1995, mais sans doute plus importantes pour le tissu de la capitale, est due à l'émergence de nouvelles générations de concepteurs, plus sensibles à la dimension intellectuelle de l'architecture, comme Christian de Portzamparc, meilleurs observateurs des traditions urbaines parisiennes, comme Renzo Piano, ou des modes de vie comme Roland Simounet ou Yves Lion, et souvent réceptifs aux productions de l'art et du cinéma, comme Jean Nouvel, Rem Koolhaas et tant d'autres.

Face à cette conjonction d'une politique d'État s'inscrivant dans une tradition séculaire et d'un certain renouveau disciplinaire, l'espace parisien, qui avait connu des bouleversements malheureusement irréversibles lors des grandes opérations de rénovation urbaine des années 60 et 70, s'est couvert d'un nouveau réseau d'édifices publics et d'habitations.

L'identité de la ville s'est ainsi transformée, la forme urbaine héritée des étapes antérieures de la croissance étant réinterprétée au gré des interventions monumentales et des changements d'usages et de fonctions liés au départ des industries et des entrepôts. En comparaison avec la plupart des métropoles du monde moderne, Paris reste en définitive, dans sa masse, une ville ancienne, dont seuls jusqu'ici quelques quartiers ont été balayés par la modernisation. Le réseau des grandes opérations publiques – rénovations urbaines, puis zones d'aménagement concerté – a destructuré plusieurs arrondissements périphériques depuis 1955, sans entamer l'image d'ensemble de la ville. Plus dangereux de ce point de vue serait le processus de rénovation encadrée par les règlements mais qui ronge sournoisement, peu à peu, certains quartiers en détruisant l'alignement des rues et en brisant par les entrées de garage la continuité des rez-de-chaussée. En contrepoint, la relance d'une politique d'espaces verts reconquis sur les friches industrielles, comme les anciennes usines Citroën, renouvelle dans son ensemble le dispositif des jardins publics, figé depuis les « promenades » d'Haussmann et d'Alphand sous le Second Empire.

Le Paris dont il est question ici est aujourd'hui intégré dans une des principales agglomérations métropolitaines d'Europe située au centre d'une région de plus de dix millions d'habitants. Petite par sa taille relative, mais exceptionnellement dense, la ville historique est noyée dans un réseau de villes, anciennes ou plus récentes. Dans les cinq villes nouvelles réalisées depuis 1965 à Cergy-Pontoise, Évry, Marne-la-Vallée, Melun-Sénart et Saint-Quentin-en-Yvelines, la production architecturale a été parfois intéressante au cours des dernières décennies. Prendre en compte cette production dans toute sa richesse nous aurait cependant entraînés au-delà des limites de cet ouvrage.

Nous avons donc tenté de centrer la gamme des bâtiments présentés ici sur un ensemble situé dans Paris *intra-muros*. Nous entendons par là la partie de l'agglomération parisienne relevant de la municipalité de Paris et située à l'intérieur du périmètre de l'ancienne enceinte de Thiers, construite entre 1840 et 1845, et dont la ceinture des habitations à bon marché en briques et le boulevard périphérique cimentent le souvenir. Quelques incursions sont pratiquées dans la proche banlieue, motivées par le caractère exemplaire d'un ensemble urbain, comme Villejuif, ou par la dimension symbolique d'une grande infrastructure, comme celle de Roissy-Charles-de-Gaulle, nouvelle porte de Paris.

Ville fermée, Paris occupe un site urbanisé depuis l'Antiquité et d'une grande minéralité. La présence d'une ossature matérielle de pierre – ou de plâtre dans la périphérie populaire – qui n'a pas toujours pu absorber la production médiocre de l'après-guerre, reste encore une donnée forte du site architectural parisien, dans lequel les interventions isolées ne parviennent pas à subvertir la continuité des rues et îlots de la ville ancienne.

Ainsi définie topographiquement, la promenade architecturale proposée a été conçue avec l'idée de partir des grandes constructions innovantes du début du XXe siècle et d'y intégrer, bien entendu, certains des points nodaux du spectaculaire réseau des grands travaux, achevés pour l'essentiel en 1989. Bien qu'ils ne soient en aucune façon l'aboutissement nécessaire des transformations de l'architecture parisienne depuis un siècle, ces bâtiments appelaient une mise en perspective cadrée sur un nombre de constructions assez limité pour qu'elles soient discutées et présentées visuellement avec une précision suffisante. Cette perspective devait être assez vaste pour rendre compte à la fois de l'immeuble et de l'espace urbain et pour échapper à la célébration d'une doctrine ou d'une écriture architecturale particulière. Il s'agissait aussi d'échapper à toute vision de l'histoire comme celle d'un « progrès » continu et irréversible, qui verrait Paris connaître des bâtiments d'une qualité sans cesse croissante. Plutôt que de centrer l'attention sur des édifices devenus des clichés et faciles d'accès, des opérations dont l'intérieur est difficile à visiter, qu'il s'agisse de résidences privées ou d'édifices publics, sont dévoilées.

Deux dimensions se croisent dans le choix des bâtiments formant notre corpus. La première est relative à leur qualité urbaine et à leur place à la fois dans le dispositif monumental parisien et dans la continuité du réseau des rues ; la seconde, à leur signification dans la transformation de l'art de vivre et des usages domestiques et civiques. Expression d'une politique, comme celle des cités-jardins, ou support d'innovations dans la distribution des espaces intérieurs, comme l'atelier d'artiste à la portée de tous, transformé en duplex avec séjour à double hauteur, certains des bâtiments présentés auront eu au total plus d'influence que beaucoup d'œuvres emblématiques surtout par leur seule forme extérieure.

À côté des déterminations proprement parisiennes, les grandes questions théoriques qui traversent l'architecture française depuis le milieu du XIXe siècle émergent dans ce choix. Les voies suivies par l'architecture moderne dans son développement ne sont pas seulement déterminées par la commande de la société parisienne qui a permis de renouveler les types principaux de bâtiments publics ou d'habitations. L'idéal d'une architecture, fondée sur l'expression extérieure des organisations intérieures et de la destination du bâtiment et, plus encore, d'une construction à la fois rationnelle et lisible, est poursuivi sous des formes changeantes, des élèves de Viollet-le-Duc à nombre de contemporains.

La séquence des édifices présentés permet de lire ces résonances qui donnent son unité à la culture du XXe siècle : dans le registre de la construction, l'idéal rationaliste migre des premières structures en béton aux arbitrages complexes opérés par Perret entre distribution traditionnelle des intérieurs et ossature, pour se déplacer vers les squelettes d'acier utilisés par Édouard Albert, Claude Parent et, plus récemment, par Jean Nouvel. Dans le domaine de la flexibilité, c'est dans l'extraordinaire expérience de la Maison du peuple de Clichy que l'on pourra voir l'origine des réflexions qui conduiront à trente ans de distance au centre Georges Pompidou. Le retour au type parisien pérenne qu'est la cour, un temps dénigrée, n'est pas l'un des moindres phénomènes lisibles à la fin du XXe siècle. L'opération étudiée est celle de Renzo Piano, rue de Meaux, mais des bâtiments de Frédéric Borel, Olivier Girard et Laurent Israël, Édith Girard ou Henri Ciriani auraient tout aussi bien pu figurer ici.

Qu'en est-il donc de la matière architecturale de Paris ? Est-elle plus proche des boulevards et des passages propres à la « capitale du XIXe siècle » qu'elle aura été aux yeux de Walter Benjamin, ou de l'apparente dissolution qui l'a menacée pendant les années noires du fonctionnalisme d'État et de l'administration municipale obtuse de la période 1950-1975 ? L'identité du paysage urbain a-t-elle été transformée dans ses échelles et ses hiérarchies ? Comment, derrière les façades, le cloisonnement et la distribution des pièces ont-ils été ajustés aux changements des mentalités, des rythmes de vie et de la sociabilité au sein des familles ?

Telles sont les questions auxquelles nous nous proposons de répondre au cours de notre exploration d'un peu plus d'une trentaine d'édifices. Certains figurent assurément depuis longtemps dans les ouvrages d'histoire ; encore fallait-il en saisir l'état et l'atmosphère actuels. D'autres ont été passés sous silence par les critiques au cours des dernières années. Leur présence pourra surprendre mais nous espérons qu'ils retrouveront ici leur place dans la transformation du paysage architectural parisien. D'autres, enfin, participent de la création d'une architecture pleine des incertitudes de la culture de la fin du siècle, qu'ils s'efforcent d'ancrer dans une tradition parisienne, transformant la perception de ses figures et de ses textures typiques par de nouvelles interprétations.

Ville de pierre – et aujourd'hui de métal ou de verre – Paris, « mythe moderne » pour reprendre le terme proposé par l'écrivain Roger Caillois en 1936, est aussi un lieu façonné par un ensemble de représentations. La plus significative de ces représentations est sans doute celle qui en a fait une capitale politique, symbolique, artistique, scientifique, tour à tour grave et frivole. Par le jeu de leurs oppositions et de leurs interférences, les bâtiments du Paris contemporain donnent un sens particulier à cette prééminence que Paris conserve à l'orée du troisième millénaire.

Paris in the Mirror of Time

Jean-Louis Cohen
Monique Eleb

After several decades of near stagnation, Parisian architecture has regained an eminent place on the world scene. The *Grands Travaux* launched by François Mitterrand during his first term as President (1981-1988) – a major public-building programme scheduled for completion by 1989, to celebrate the Bicentennial of the French Revolution – attracted public attention well beyond France. These undertakings helped to reconcile the population with architecture, or at least with the architecture of public buildings, while also providing an opportunity to reassess the monumental framework of Paris.

The spectacular success of these major architectural projects coincided with substantial changes in French architectural culture following three decades of deep crisis in the aftermath of the Second World War, as is reflected by the selection of buildings illustrated in this book, very few of which date from the period 1940-1970.

In parallel with the *Grands Travaux* of 1981-1995, a multitude of other buildings emerged which, while perhaps less spectacular, were probably of greater importance to the urban fabric of Paris. Their authors were a younger generation of architects, more aware of the intellectual dimension of architecture, like Christian de Portzamparc, or more alert to Parisian urban traditions, like Renzo Piano, or to ways of life, like Roland Simounet and Yves Lion, and often receptive to events in the worlds of art and cinema, like Jean Nouvel, Rem Koolhaas and so many others.

Thanks to this conjunction between a central government policy rooted in secular tradition and a change of attitude towards architectural practice, the Parisian urban fabric – which had been scarred, sadly irreversibly, by the upheaval of large-scale redevelopment programmes in the 1960s and '70s – acquired a new stock of public buildings and housing.

The city's identity has been transformed as a result. Urban forms inherited from earlier phases of growth have been reinterpreted in the light of changes of use and function necessitated by the departure of industries and warehousing and by monumental interventions. By comparison with most metropolitan cities of the modern world, the bulk of Paris has in fact remained an historic city. As yet, only a few districts have been swept away by modernisation. Large public sector comprehensive redevelopment projects (first *rénovations urbaines*, then *zones d'aménagement concerté*) have destructured several outlying districts since 1955, yet without encroaching upon the overall image of the city. More dangerous from this point of view is the process of renovation undertaken within the framework of statutory regulations, which is causing certain districts to be eroded by stealth as road alignments are destroyed and the continuity of ground storeys broken up, bit by bit, by the provision of entrances to underground car-parks. By contrast, the revived policy of reclaiming disused industrial sites for green space, such as land formerly occupied by the Citroën factories, has revitalised the approach to Parisian public parks and gardens as a whole for the first time since the *promenades* created by Haussmann and Alphand during the Second Empire.

The Paris discussed here now forms part of one of Europe's principal metropolitan agglomerations, at the centre of a region with over ten million inhabitants. The historic core of the city, which is relatively small yet exceptionally dense, is submerged in a network of other towns – some old, some new. The five New Towns established since 1965 at Cergy-Pontoise, Évry, Marne-la-Vallée, Melun-Sénart and Saint-Quentin-en-Yvelines contain interesting examples of the architecture produced in recent decades, but to illustrate them in all their rich diversity would far exceed the scope of this book.

The range of buildings we have sought to illustrate is therefore centred on examples within the Paris boundary, i.e. the part of the agglomeration administered by the municipality of Paris, as delimited by the line of the former fortifications built by Thiers in 1840-1845 which were demolished and replaced by a belt of brick-clad inter-war low-cost housing *(habitations à bon marché)* and later encircled by the 1960s city ring road *(Périphérique)*.

A few incursions have been made into the surrounding area, nevertheless, to take in the exemplary character of a housing development at Villejuif or the symbolic dimension of a major infrastructure such as Roissy-Charles-de-Gaulle airport, which constitutes a new gateway to Paris.

Paris is an enclosed city; it occupies a site urbanised since antiquity and is highly mineral in character. The predominance of stone in the urban fabric – or plaster in outer working-class districts – has sometimes been undermined by mediocre post-war redevelopments; yet it remains a key factor in an architectural setting where isolated interventions have failed to challenge the continuity of streets and blocks of the old town.

Within these topographical terms of reference, the basic idea behind the architectural promenade we have proposed was to kick off with key innovatory buildings of the early 20th century and, of course, to include some nodal points in the spectacular set of *Grands Travaux* completed, for the most part, by 1989. While in no way representing the essential pinnacle of achievement in the transformations of Parisian architecture over the past century, these buildings needed to be put into proper perspective by focusing on a small enough number to allow sufficiently detailed discussion and illustration. This overview also had to be wide enough to take account of buildings and urban space without favouring any particular doctrine or style. We were equally desirous to avoid any notion of architectural history as a continuous, immutable march of progress which might suggest that the quality of Parisian architecture has never ceased to improve. Rather than focus attention on buildings which have become clichés and are easily accessible, we wanted to show private residences and public buildings where interiors are often either little-known or difficult to visit.

The buildings included in our selection do have two points in common, as we shall see. The first relates to their urban quality and the contribution they make, both in terms of the monumental structure of Paris and the continuity of the network of streetscapes. The second relates to the significance of their contribution to changing life-styles and usage, whether in the domestic or the civic domain. When considered as an expression of policy decisions – as is the case with garden-cities, for example – or a vehicle for innovations in the distribution of interior space – such as the transformation of the artist's studio typology into a *maisonette* with a double-height living-room for the purposes of everyday housing – some of the buildings illustrated have, in fact, been far more influential than those habitually deemed "emblematic" largely or wholly on the strength of their external appearance.

In parallel with these highly Parisian considerations, the selected buildings also reflect key theoretical issues which have dominated French architecture since the mid-19th century. For the paths followed by modern architecture in the course of its development have not solely been determined by commissions emanating from Parisian society and leading to a renewal of the principal types of public building and housing. A Rationalist ideal pursued in various ways, from E. E. Viollet-le-Duc and his pupils through to many architects practising today, is the notion that the internal distribution and purpose of a building should be expressed externally and, still more important, that its construction should be both rational and logical.

These resonances, which give 20th-century culture a measure of unity, can be discerned in the sequence of buildings illustrated; in the sphere of building techniques, the Rationalist ideal migrated from early concrete structures to the complex balance between the conventional distribution of interiors and the structural frame, as struck by Perret, then moved on again to the steel frame structures used by Édouard Albert, Claude Parent and, more recently, Jean Nouvel. In the domain of flexibility, it is in the extraordinary experimental Maison du Peuple at Clichy that we see the origins of the thinking which led, thirty years later, to the Centre Georges Pompidou in Paris. The re-introduction of that perennial but once denigrated typology, the Parisian courtyard, is not the least of the phenomena discernible at the end of the 20th century. The example illustrated here is by Renzo Piano, at the Rue de Meaux, but buildings by Frédéric Borel, Olivier Girard and Laurent Israël, Edith Girard or Henri Ciriani could equally well have been chosen.

What, then, is the stuff of Parisian architecture? Is it closer to the boulevards and the top-lit arcades that characterised the "Capital of the 19th century" in the eyes of Walter Benjamin? Or closer to the impending dissolution threatened during the dark days of State functionalism and opaque municipal administration in the years 1950-1975? Has the identity of the urban landscape changed in its scales and hierarchies? And behind the façades, how have the subdivision and organisation of rooms been adjusted to suit changing mentalities, rhythms of life and family sociability?

These are the fundamental questions we have sought to answer in our exploration of some three dozen buildings. While some of them have long featured in history books, their present condition and atmosphere called for investigation. Others have been overlooked by critics in recent years and their inclusion may seem surprising; we hope their place in the transformation of the Parisian architectural landscape will be reinstated here. Lastly, there are examples of recent buildings which attempt to face up to an end-of-century culture riddled with uncertainties by anchoring it in Parisian traditions and by transforming perceptions of the city's typical facets and textures through new interpretations.

"City of stone" – and now of metal and glass – a "modern myth" according to a 1936 statement by essayist and sociologist Roger Caillois (1913-1978), Paris is also a place fashioned by a multitude of representations. The most significant, no doubt, are those which represent the city as a political, symbolic, artistic and scientific capital alternating between gravitas and frivolity. By their play of oppositions and by their intrusions, the buildings of contemporary Paris give a distinctive slant to the pre-eminence which the French capital retains at the dawn of the third millennium.

21
14
24
22
2
27
16
6
25
19
8
11
10
3
7
1
26
23
5
29
4
32
9
31
17
20
12
18
28
15
30
13

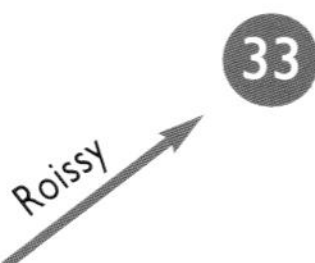

Situation des bâtiments
Building locations

1 – Castel Béranger, 14, rue La Fontaine.

2 – Saint-Jean de Montmartre, 21, rue des Abbesses.

3 – Palais de la femme, 94, rue de Charonne.

4 – Immeuble pour artistes, 31-31bis, rue Campagne-Première.

5 – Immeuble à gradins, 26, rue Vavin.

6 – Théâtre des Champs-Élysées, 15, avenue Montaigne.

7 – Maisons La Roche et Jeanneret, 8-10, square du Docteur-Blanche.

8 – Rue Mallet-Stevens, rue du Docteur-Blanche.

9 – Musée des Arts africains et océaniens, 293, avenue Daumesnil.

10 – La Maison de verre, 31, rue Saint-Guillaume.

11 – Immeuble, 21-55, rue Raynouard.

12 – La Cité de refuge, 12, rue Cantagrel.

13 – La Butte rouge, Châtenay-Malabry, Hauts-de-Seine.

14 – Maison du peuple, Clichy-sur-Seine, Hauts-de-Seine.

15 – Maisons en métal, Meudon, Hauts-de-Seine.

16 – Maisons Jaoul, Neuilly-sur-Seine, Hauts-de-Seine.

17 – Gratte-ciel d'habitation, 33, rue Croulebarbe.

18 – Fondation Avicenne, boulevard Jourdan.

19 – Centre Georges Pompidou, place Georges-Pompidou.

20 – Immeubles, 20, rue des Hautes-Formes.

21 – Saint-Denis Basilique, Saint-Denis, Seine-Saint-Denis.

22 – La Villette.

23 – Institut du Monde arabe, 23, quai Saint-Bernard.

24 – La Grande Arche, La Défense, Hauts-de-Seine.

25 – Le Grand Louvre, rue de Rivoli.

26 – Villa Dall'Ava, Saint-Cloud.

27 – Immeuble, rue de Meaux.

28 – Charléty, 99, boulevard Kellerman.

29 – Grande Galerie de l'Évolution, 36, rue Geoffroy-Saint-Hilaire.

30 – Les Hautes-Bruyères, Villejuif, Val-de-Marne.

31 – Fondation Cartier, 261, boulevard Raspail.

32 – Bibliothèque nationale de France, 13, quai François-Mauriac.

33 – Charles-de-Gaulle, Roissy, Val d'Oise.

Apartment building

Perceived as revolutionary when first built, this apartment block provoked hot debate reflecting widespread hostility towards Art Nouveau. Controversy surrounding the building in the late 19th century was sparked off in part because many perceived it as a manifesto, but above all because it was seen as perverse: "The same obsession is everywhere evident, from the main entrance to the eaves: breaking with all tradition and defying all convention. Noble intentions – but relentless, unthinking protest soon becomes just as intolerable as the worst of routines! The building is a real nightmare."[1]

The "nightmare" vision was engendered by this building by Guimard (1867-1942) largely because, as it did not fit into any familiar frame of reference or terms of conventional perception, it disconcerted critics and perhaps also passers-by who lacked any criteria by which to judge it. The interplay of forms, mix of materials – ashlar, free stone, brickwork of different colours – and the external manifestation of the purpose of the various rooms by means of differentiated window openings, all accentuated the expressiveness of elevations rendered all the more unusual by the creeper-inspired interlaced ironwork.

The building fuelled controversy on invention and imitation, in the context of the Art Nouveau notion that, instead of reproducing past styles, the example of nature should be followed. Critics were reluctant to accept this disturbingly strange point of view. As the journalist E. Molinié put it in *Art et Décoration*: "One is overcome by a sense of unease [because] in fact, everything about this design is artificial. A style invariably derives from an earlier style, with a few formal aspects modified. The effect produced here, however, is more akin to a building produced by some long-lost civilisation which has just come to light."[2]

In other words, the building was both strange and foreign, it lacked French moderation and temperance and, worse still, it belonged to another era.[3] No better reasons could have been given for rejecting the building, despite the fact it had won first prize in the City of Paris *Concours des façades* in 1898.

It was only built at the time because the architect was working for an enlightened owner – a woman, as was frequently pointed out by critics. Even though her building was intended for middle-class tenants, she gave Guimard free rein to test out his theories by allowing him to design everything down to the doors, chimney-pieces and fitted furniture, in the same Art Nouveau style.[4]

With the blurring of boundaries between arts and crafts at end of the 19th-century, architects considered how furniture might be integrated with interior decoration, which also implied proposing schemes in which the walls and furniture were treated in a consistent style. Timber panelling, chimney-pieces, fitted furniture, light-fittings and carpets were studied and designed by the architect, often as an indivisible whole. This marked a return to a more complex role for the architect, who then became a real "master of the works."

Although best known for its decoration, the Castel Béranger apartment block revealed its modernity through other architectural devices too, such as the open courtyard and the Rationalist approach to the window openings. These were sized to suit the use of the rooms they served without compromising the underlying logic of the elevational composition. Each one of the thirty-six apartments had dual aspect and a different plan for, as Guimard emphasised, "it would be extraordinary if all thirty-six clients had the same requirements and the same tastes."[5] Indeed it would. Yet here, he pushed the role of the architect to the limits. Should the life-style of tenants be defined by the architect to the extent that they are expected to move into a predetermined decor without their own furniture and objects, or indeed, without their whole history?

M. E.

1. André Hallays, quoted by Paul Planet, "Actualités" in *La Construction moderne*, No. 29, 15 April 1899, pp. 337-339.
2. E. Molinié, "Le Castel Béranger" in *Art et Décoration*, March 1899, pp. 76-81.
3. Monique Eleb with Anne Debarre, "L'Invention de l'habitation moderne. Paris 1880-1914" in *Architectures de la vie privée*, vol 2, Paris, Hazan/Archives d'architecture moderne, 1995.
4. Hector Guimard, *L'Art dans l'habitation moderne: le Castel Béranger. 1894-1898*, Paris, Librairie Rouan & Cie, 1898.
5. Gillian Naylor, "Hector Guimard, a Romantic Rationalist?", in *Hector Guimard*, London, Academy Editions, 1978, p. 12.

Immeuble d'habitation

Castel Béranger

Ce bâtiment de Guimard (1867-1942), perçu comme révolutionnaire à l'époque de sa construction, a provoqué des débats extrêmement âpres, reflets des réactions de rejet fréquentes devant l'Art nouveau. Si le Castel Béranger a fait l'objet, à la fin du XIXe siècle, d'une si violente controverse, c'est en grande partie parce qu'il a été perçu par beaucoup, certes comme un manifeste, mais fondé avant tout sur la volonté de contredire.

« Son idée fixe, qui se traduit partout, de la porte du vestibule jusqu'aux combles, est de rompre avec toutes les traditions et de protester contre toutes les conventions. Généreux desseins ; seulement la protestation continuelle, la protestation irréfléchie, devient vite intolérable, tout comme la pire des routines ! C'est vraiment une maison de cauchemar[1] ».

Cette vision de « cauchemar » s'explique en grande partie par le fait que les critiques, et peut-être les passants, ne possèdent aucun code pour évaluer ce bâtiment déconcertant car il ne fait pas appel au catalogue des références connues ni au vocabulaire habituel de la perception. Décrochements, matériaux divers – pierres de taille et meulière, briques de couleurs variées – et ouvertures adaptées à la destination des pièces et la révélant à l'extérieur, accentuent l'expressivité de la façade. Celle-ci est rendue encore plus inhabituelle par l'entrelacs des ferronneries inspirées des lianes.

Le Castel Béranger alimente la controverse sur l'invention et l'imitation, le modèle de la nature permettant aux tenants de l'Art nouveau de ne pas reproduire les styles antérieurs. Les critiques supportent mal ce sentiment d'inquiétante étrangeté qu'exprime le journaliste d'*Art et Décoration* E. Molinié.

« On se sent pris d'inquiétude… C'est qu'en réalité tout est factice dans cette création. Un style découle toujours d'un autre style antérieur dont il a modifié quelques formes […] La construction produit un peu l'effet d'une œuvre d'une civilisation perdue qui renaîtrait tout à coup à la lumière[2] ».

Cette œuvre est non seulement étrange mais elle est de plus étrangère, elle n'a pas la modération, la tempérance françaises, pire, elle est aussi d'un autre temps[3]. On ne peut mieux rejeter un bâtiment qui obtient cependant le premier prix au concours des façades de la Ville de Paris en 1898.

Il n'a pu, à l'époque, être construit que parce que l'architecte se trouvait face à un propriétaire éclairé, en l'occurrence une femme comme le soulignent longuement les critiques, qui a accepté que son immeuble, destiné pourtant à être loué à une population de la moyenne bourgeoisie, soit le terrain d'expérimentation des théories de Guimard. Celui-ci a réussi à tout concevoir, dans la même veine Art nouveau, de la porte aux meubles fixes, en passant par les cheminées[4].

La fin du XIXe siècle voit en effet s'ouvrir les barrières entre certains arts. Les architectes réfléchissent à une intégration du mobilier et du décor qui implique de proposer aussi un traitement des murs et un mobilier de style unifiés. Le « panneautage » de bois, les cheminées, les meubles qui sont raccordés ou fixés au mur, l'éclairage et les tapis sont étudiés et dessinés par l'architecte et forment souvent un tout indissociable. C'est un retour à un rôle plus complexe de l'architecte qui devient alors véritablement le « maître de l'œuvre ».

Célébré le plus souvent pour son décor, le Castel Béranger révèle aussi sa modernité par d'autres dispositions architecturales comme sa cour ouverte ou le parti pris rationaliste qui lui fait percer chaque ouverture en fonction de la nature de la pièce à éclairer, tout en maîtrisant le système de composition de la façade. Les trente-six appartements ont tous une double orientation et des plans différents car, comme le souligne Guimard, « il serait remarquable que les trente-six clients partageassent tous les mêmes exigences et les mêmes goûts[5] ». Certes… Mais cette œuvre trace aussi la limite du rôle de l'architecte. Peut-il styliser complètement la vie d'habitants censés emménager dans un décor imposé, vierges de tous leurs meubles, de tous leurs objets, voire de toute leur histoire ?

M. E.

1. André Hallays, cité par Paul Planat, « Actualités », *La Construction moderne*, 4e année, n° 29, 15 avril 1899, pp. 337-338.
2. E. Molinié, « Le Castel Béranger », *Art et Décoration*, mars 1899, pp. 76-81.
3. Monique Eleb avec Anne Debarre, *L'Invention de l'habitation moderne. Paris 1880-1914*. Architectures de la vie privée, t. 2. Paris, Hazan/Archives d'architecture moderne, 1995.
4. Hector Guimard, *L'Art dans l'habitation moderne : le Castel Béranger. 1894-1898*, Paris, Librairie Rouan et Cie, 1898.
5. Gillian Naylor, « Hector Guimard, rationaliste romantique ? », *in Hector Guimard*, Londres, Academy Editions, 1978, p. 12.

Hector Guimard

14, rue La Fontaine, Paris XVIe

1898

Façade sur la cour / *Courtyard front.*

Les pavés de verre de la cage d'escalier / *Glazing detail, stairwell.*

Fontaine dans l'angle de la cour / *Fountain in corner of courtyard.*

Façade, hameau Béranger / *Hameau Béranger front.*

Façade principale, rue La Fontaine / *Street frontage, Rue La Fontaine.*

Détails de maçonnerie et de ferronnerie / *Masonry, brickwork and ironwork details.*

Entrée principale, rue La Fontaine / *Main entrance, Rue La Fontaine.*

IMMEUBLE PRIMÉ
AU 1er CONCOURS DE FAÇADES
DE LA VILLE DE PARIS
Hector GUIMARD Architecte 1897-98
14

Hall d'entrée et escalier principal / *Main entrance hall and principal staircase.*

Vestibule vers la rue et vers la cour / *Lobby leading to street and to garden.*

Church

At the turn of the 20th century, Saint-Jean de Montmartre constituted an early radical example of reinforced concrete construction. It fell to Anatole de Baudot (1834-1915) – a disciple of Viollet-le-Duc and an Inspector of Historic Monuments – to put the principles of Structural Rationalism into practice convincingly here.[1] Typological questions associated with religious buildings had long interested him. In 1887, he had founded the Chaillot course to train Historic Monuments architects and he was also particularly interested in the development of reinforced *ciment*, a material he had already used – for the floors at his Victor Hugo secondary school of 1894, for instance.[2]

Sited on steeply sloping ground with changes in level as great as 10 m, Saint-Jean de Montmartre was built to replace the former church of Saint-Pierre. Reinforced concrete was proposed in several schemes for the new church, including one submitted by the specialist contractors Hennebique, in which the new material was to be used to build neo-Baroque forms.[3] Baudot's project, by contrast, envisaged a frame structure combining reinforced concrete elements with brick columns, based on a system devised by the engineer Paul Cottancin (1865-1917) employing slender concrete slabs, narrow-gauge reinforcement rods and concrete columns cast in permanent shuttering of hollow brick.

Baudot was to extol the transition from iron to concrete in his lectures, published posthumously as a book entitled *L'architecture, le passé, le présent*: "Iron was merely a step on the way towards a transformation more clearly evident in its derivative, reinforced concrete, which has equally advantageous properties and unquestionably provides a reliable means to overcome the deficiencies of using exposed metal."[4]

Building was begun in 1897 and the church was largely complete when the works were stopped in 1899. Everything that had been built was threatened with demolition because the slenderness of the vaults and piers worried the authorities.[5] The structure for the upper church entered from Place des Abbesses, which occupied an area of 44 x 20 m and rose to a height of 30 m, consisted of only twenty-six square-section piers (50 cm x 50) set on the diagonal. The Parisian bureaucracy was finally persuaded to overcome its reticence by the increasingly widespread use of reinforced concrete elsewhere, and the church was opened for worship in 1902.

Interior decoration was restricted to stencilled geometric motifs, to keep down costs, but the main front was given more sparkle – glazed ceramic stoneware by Alexandre Bigot (1862-1927) and the tympanum by Pierre Roche (1855-1922) – which is somewhat at odds with the "total sincerity" intended by the architect. Be that as it may, the key contribution made by Baudot was to put into practice the Rationalist ideal: a structure composed of columns and vaulting, legible both inside and out. In 1928, this church was identified by Sigfried Giedion as the starting point for the approach subsequently adopted and developed by Auguste Perret. Giedion then observed: "At a time when only the most hackneyed patterns were used for representational buildings, it was an extraordinary risk to use a constructional ferroconcrete framework as an essential component of a church."[6] In the wake of this brilliant achievement, Baudot designed numerous projects in a similar vein for large reception and entertainment halls, but none was built.

J.-L. C

1. On the work of Anatole de Baudot, see Françoise Boudon, "Recherche sur la pensée et l'œuvre d'Anatole de Baudot," *Architecture Mouvement Continuité*, monograph/special issue, No. 28, March 1973; and Marie-Jeanne Dumont [editor], "Anatole de Baudot," *Rassegna*, No. 60, 1996.
2. Anatole de Baudot, *L'Architecture et le ciment armé*, Paris, undated.
3. On the firm founded by François Hennebique, which was active from 1890 to 1940, see Gwenaël Delhumeau et al., *Le Béton en représentation, la mémoire photographique de l'entreprise Hennebique 1880-1930*, Paris, Hazan/Ifa, 1993 and Gwenaël Delhumeau, *L'Invention du béton armé. Hennebique 1890-1914*, Paris, Norma/Ifa, 1999.
4. Anatole de Baudot, *L'Architecture, le passé, le présent*, Paris, Henri Laurens, 1916, p. 171.
5. For this controversy, see Paul Planat, "La Future Église de Montmartre," *La Construction moderne*, 15 April 1905, pp. 340 ff.
6. Sigfried Giedion, *Bauen in Frankreich, Bauen in Eisen, Bauen in Eisenbeton*, Leipzig/Berlin, Klinckhardt und Biermann, 1928, p. 76; English language edition: *Building in France, Building in Iron, Building Ferroconcrete*, intro. by Sokratis Georgiadis, Santa Monica, The Getty Center for the History of Art and the Humanities, 1995, p. 160.

Église Saint-Jean de Montmartre

À cheval sur le début du XXe siècle, le chantier de l'église Saint-Jean de Montmartre témoigne du caractère radical d'un édifice précoce de béton armé. Il revient à Anatole de Baudot (1834-1915), disciple de Viollet-le-Duc et inspecteur des Monuments historiques, d'avoir mis en œuvre, ici de façon convaincante, les principes du rationalisme structurel dans la construction[1]. Attentif aux problèmes typologiques de l'architecture religieuse, fondateur en 1887 des cours de Chaillot destinés aux futurs architectes des Monuments historiques, Baudot s'intéresse tout particulièrement aux développements des systèmes constructifs en ciment armé, qu'il déploiera notamment en 1894 dans les planchers du lycée Victor-Hugo, rue de Sévigné, à Paris[2].

Édifiée pour remplacer l'église Saint-Pierre, sur un terrain en forte pente dont la dénivellation atteint dix mètres, l'église Saint-Jean fait l'objet de plusieurs projets utilisant le béton armé, dont celui de l'entreprise Hennebique associant le matériau nouveau à des formes néobaroques[3]. Dans le projet de Baudot, elle est pensée comme une grande ossature combinant des éléments en béton armé et des piliers en brique faisant appel au système de l'ingénieur Paul Cottancin (1865-1917), fondé sur l'utilisation de dalles minces armées de fils de fer et de poteaux en ciment coulé dans un parement de briques creuses.

Dans ses conférences, publiées après sa mort, sous le titre *L'Architecture, le passé, le présent*, Baudot célébrera le passage du fer au béton.

« Le fer n'était qu'un acheminement vers une transformation plus précise avec son dérivé le ciment armé, qui en possède tous les avantages, et vient combler avec une sûreté incontestable les lacunes profondes de l'emploi direct du métal[4] ».

Engagé en 1897, le chantier de l'église est achevé en 1899 et les parties déjà réalisées menacées de démolition : l'administration s'inquiète de la minceur des voûtes et des piles mises en œuvre[5]. C'est en effet une structure de vingt-six piles de section carrée (50 cm par 50), implantées en diagonale qui couvre l'église haute, à laquelle on accède par la place, et qui occupe une emprise de quarante-quatre mètres sur vingt, atteignant trente mètres de hauteur. La poursuite de la diffusion du béton armé sapera les fondements des réticences de la bureaucratie parisienne et l'église sera ouverte au culte en 1902.

Le décor intérieur se limitera pour des raisons d'économie à des motifs géométriques coloriés au pochoir, la façade sur la place recevant un traitement plus chatoyant grâce aux grès d'Alexandre Bigot (1862-1927) et au tympan de Pierre Roche (1855-1922), quelque peu contradictoires avec le souci de « sincérité » totale affiché par l'architecte. Mais l'essentiel de la contribution de Baudot tient à la réalisation de l'idéal rationaliste dans la construction des supports et de la voûte de couverture, structure lisible du dedans comme du dehors. Dans son ouvrage de 1928, *Construire en France*, Sigfried Giedion ne manquera pas de voir dans l'église le point de départ de la problématique développée par Auguste Perret dans les années qui suivront. Giedion considère qu'« à l'époque où tous les édifices nobles ne relevaient que des schémas les plus éculés, il fallait faire preuve d'une extraordinaire audace pour, dans une église, mettre en valeur l'élément essentiel de sa construction : son ossature *en béton armé*[6] ». C'est dans cet esprit que Baudot poursuivra, après cette réalisation lumineuse, l'étude de nombreux projets théoriques de grandes salles de réunions et de spectacles, dont aucune ne verra le jour. J.-L. C.

Anatole de Baudot

21, rue des Abbesses, Paris XVIIIe

1904

Façade, place des Abbesses / *Main entrance front, Place des Abbesses.*

Nef principale / *Nave.*

1. Sur l'œuvre de cet architecte, voir Françoise Boudon, « Recherche sur la pensée et l'œuvre d'Anatole de Baudot », numéro monographique, *Architecture, mouvement, continuité*, n° 28, mars 1973 et Marie-Jeanne Dumont (dir.), *Anatole de Baudot, Rassegna*, n° 68, 1996.
2. Anatole de Baudot, *L'Architecture et le ciment armé*, Paris, s.d.
3. Sur l'entreprise créée par François Hennebique et active de 1890 à 1940, voir Gwenaël Delhumeau et al., *Le Béton en représentation, la mémoire photographique de l'entreprise Hennebique 1880-1930*, Paris, Hazan/Institut français d'architecture, 1993 et Gwenaël Delhumeau, *L'Invention du béton armé. Hennebique 1890-1914*, Paris, Norma/Institut français d'architecture, 1999.
4. Anatole de Baudot, *L'Architecture, le passé, le présent*, Paris, Henri Laurens, 1916, p. 171.
5. Voir sur ces polémiques : Paul Planat, « La Future Église de Montmartre », *La Construction moderne*, 15 avril 1905, p. 340 et suiv.
6. Sigfried Giedion, *Bauen in Frankreich, Bauen in Eisen, Bauen in Eisenbeton*, Leipzig/Berlin, Klinckhardt und Biermann, 1928, p. 76 ; en français : *Construire en France*, Paris, Éditions de la Villette, 2001, p. 76.

La cascade des volumes à l'extérieur, rue André-Antoine / *Cascade of volumes, from Rue André-Antoine.*

Façade, place des Abbesses / *Main entrance front, Place des Abbesses*

Fronton de la façade, place des Abbesses / *Pediment, main entrance front, Place des Abbesses.*

Couronnement de la façade latérale / *Crowning to flank wall.*

Couronnement de l'angle nord-est / *Crowning, north-east corner.*

Contre-plongée sur une travée / *Vaulting, typical bay.*

Décor des balcons de la nef / *Gallery, detail.*

Nef principale vue depuis le chœur / *Nave and tribune, from choir.*

Salvation Army women's hostel

Originally called the *Hôtel populaire pour hommes*, this building was designed by the engineer Auguste Labussière (1863-1956) for the *Groupe des maisons ouvrières* (G.M.O.) – a philanthropic foundation which devoted its energies and funds to the provision of housing for working men at the beginning of the 20th century.[1] The urban influx of itinerant casual labourers, many of them unmarried and of recent rural extraction, prompted politicians, industrialists and working men's organisations to seek ways to house and educate these single men, in order to put them back onto the job market and encourage them to adopt a more middle-class lifestyle. The stated aim of the G.M.O. was to help those who wanted to work: "These hostels are not intended for down-and-outs who are beyond help, but for workers who should be enabled by society to find clean, decent housing so they can gain self-respect and be respected by their equals."[2]

The building reflects a two-fold concern: to provide housing in a form suitable for new social conditions and to control a rootless population within the framework of a family and a home. It was the first housing to be built in France for badly-off unmarried male labourers. To design it, the Foundation had done research in England – the country most experienced at that time in housing single male workers with its Rowton Houses – and also in Italy and the USA. In its turn, the G.M.O. hostel was also to become a prototype, its example being followed by social reformers in Vienna.

In the model philanthropic hostels studied by the G.M.O., communal facilities such as canteens, smoking rooms and libraries were very spacious, whereas tenants' bedrooms were tiny and their use subject to numerous restrictive rules. The Foundation decided to provide seven hundred and forty-three much larger bedrooms – approximately 8 sq m in area per person; these were lit and heated from the corridor and tenants were allowed to use them only between 7 P.M. and 9 A.M.

Communal facilities and spaces at ground level were well designed, well lit, generously proportioned and very prettily fitted out with Art Nouveau motifs in timber panelling and tiles by Boulenger et Cie. Labourers could eat cheaply and conveniently in a self-service canteen linked to the kitchen (as can the present women tenants). A smoking room, library and writing room indicate that the designers were aware of the need for the isolated and often dislocated tenants to communicate. The desire to educate the working classes and to widen their moral horizons is also evident from the character of these communal spaces.

The building was organised as a centre of operations for the rehabilitation of a marginalized section of the population. Provision of services at ground-floor level was comprehensive: baths and showers, foot-baths, lavatories, a changing room, laundry, rows of wardrobes and even a barber's shop. Drumming hygiene into the working classes was an abiding preoccupation with social reformers and philanthropists, although they were not always as successful as they might have liked, for acquiring habits of cleanliness takes time.

The notion of education through art was another key aspect of the design which served the aims of the founders. Tiles and friezes extolling labour and labourers, and Art Nouveau furniture designed by the architect, commanded admiration; they were intended to make workers take pride in their surroundings, thereby giving them a sense of self-respect.

Yet despite its coquettish appearance, practical convenience and well thought-out communal facilities, the coercive nature of the institution was plain: everything there was motivated by control. In addition to the very strict basic rules initially imposed, notably concerning visitors, the private life of tenants was further restricted by the very purpose of the spaces on offer, which forced them to live communally and prevented them from staying in their bedrooms during the day.

Nevertheless, despite these restrictions, the degree of comfort enjoyed there, often for the first time, combined with low rents, cheap canteen food and, above all, the absence of loneliness, explain the immediate success of the undertaking.

M. E.

1. Émile Hatton, *Fondation Groupe des maisons ouvrières, ses immeubles en 1911. L'hôtel populaire pour hommes*, Paris, Imprimerie A. Garjeanne, 1912. For the Foundation's activities, see in particular: Monique Eleb, *L'Apprentissage du chez-soi: le Groupe des maisons ouvrières, avenue Daumesnil, Paris 1908*, Marseilles, Parenthèses, 1994.
2. Émile Hatton, *Fondation Groupe des maisons ouvrières…*, op. cit., p. 22.

Foyer d'accueil

Palais de la femme

Ce bâtiment, à l'origine dénommé Hôtel populaire pour hommes, a été construit par l'ingénieur Auguste Labussière (1863-1956) pour la fondation philanthropique Groupe des maisons ouvrières (G.M.O) qui, au début du XXe siècle, consacrait sa réflexion et investissait ses bénéfices dans la création du logement ouvrier[1]. L'afflux, dans les grandes villes, d'ouvriers souvent « nomades », de ruraux récemment urbanisés et célibataires, mobilise alors les hommes politiques, les industriels et les associations ouvrières, qui cherchent à trouver des solutions pour loger et éduquer ces solitaires, de façon à les remettre sur le marché du travail et à leur faire adopter des modes de vie plus conformes aux modèles bourgeois. La fondation G.M.O. affirme d'ailleurs qu'elle veut d'abord aider ceux qui veulent travailler.

« Ces hôtels n'ont pas pour but de s'adresser aux miséreux absolument tombés, qu'on ne pourra plus relever, mais bien à cette classe de travailleurs [auxquels] la société doit permettre de se loger dans des conditions de propreté et de moralité telles qu'ils pourraient acquérir le respect d'eux-mêmes et de leurs semblables[2] ».

Exemple du souci d'adapter l'habitation à de nouvelles conditions sociales mais aussi de contrôler cette population non stabilisée, sans famille ni maison, c'est la première habitation qui soit réservée en France à des ouvriers célibataires sans grandes ressources. Pour la concevoir, la Fondation a fait des enquêtes en Angleterre, le pays ayant à cette époque la plus longue expérience de ce type de programme avec ses *Rowton Houses*, mais aussi en Italie et aux États-Unis. Elle deviendra à son tour un modèle puisque des réformateurs viennois l'imiteront.

Dans les lieux d'accueil philanthropique pris comme modèles, les services généraux, restaurants, fumoirs, bibliothèques, étaient très spacieux alors que les chambres des locataires étaient au contraire très étroites, avec de nombreuses restrictions d'utilisation. La Fondation prend le parti d'agrandir les 743 chambres qui avoisinent 8m². Elles sont éclairées et chauffées depuis le couloir et les locataires ne peuvent y pénétrer que de 7 heures du soir à 9 heures du matin.

Les espaces et services communs du rez-de-chaussée, bien conçus et éclairés, sont vastes et très joliment décorés de panneaux de bois et de faïence de Boulenger et Cie, aux motifs Art nouveau. Une salle de restaurant reliée à la cuisine permettait autrefois aux ouvriers, aujourd'hui aux femmes accueillies, de se nourrir commodément, en libre-service et à peu de frais. Un fumoir, une bibliothèque et une salle de correspondance montrent que les concepteurs ont tenu compte de la nécessité de communiquer de ces personnes isolées et très souvent « déplacées ». Le dessein d'éduquer ces populations et de les ouvrir à d'autres perspectives morales se lit dans le choix de ces espaces communs.

Ce bâtiment est donc un véritable dispositif organisé pour la « remise en état » d'une frange de la population. Les services sont regroupés au rez-de-chaussée et rien n'y manque : « bains et douches », « bains de pieds »,« salle des lavabos », « salle d'habillage », « laverie » et armoires alignées et même une boutique de coiffeur. Apprendre l'hygiène à cette classe sociale est une des préoccupations constantes de ces réformateurs sociaux et de ces philanthropes qui n'ont pas toujours eu le succès qu'ils espéraient car les habitudes de propreté se prennent lentement.

Conforme aux objectifs des fondations philanthropiques, l'idée selon laquelle « l'art éduque » fonde la conception du bâtiment. Les céramiques, les frises exaltant le travail et les travailleurs, les meubles Art nouveau dessinés par l'architecte forcent l'admiration et sont destinés à donner à l'ouvrier la fierté de son lieu de vie et, par là, une certaine dignité.

Cependant l'aspect commode de cet immeuble aux équipements communs bien pensés ne peut, malgré la décoration coquette, masquer l'aspect coercitif de l'organisation : tout est conçu pour être contrôlé. La vie privée des locataires se trouve réduite, au-delà d'une réglementation initiale très contraignante, notamment en ce qui concerne les visites, par la spécification même des espaces proposés, qui oblige à la vie communautaire et interdit de séjourner dans sa chambre le jour.

Malgré ces contraintes, le confort nouvellement découvert pour la plupart de ces hommes, le loyer modeste, le restaurant peu coûteux et, surtout, la fin de la solitude, créent une impression de sécurité qui explique le succès immédiat de l'entreprise.

M. E.

Auguste Labussière
C. Longeray

94, rue de Charonne, Paris XIe
1910

Le réfectoire / *Refectory.*

Le palais cadré par la rue Faidherbe / *Hostel, framed by Rue Faidherbe.*

1. Émile Hatton, *Fondation Groupe des maisons ouvrières, ses immeubles en 1911. L'hôtel populaire pour hommes*, Paris, Imprimerie A. Garjeanne, 1912. Sur l'action de la fondation, voir notamment Monique Eleb, *L'Apprentissage du chez soi : le Groupe des maisons ouvrières, avenue Daumesnil, Paris, 1908*, Marseille, Parenthèses, 1994.
2. Émille Hatton, *Fondation Groupe des maisons ouvrières, ses immeubles en 1911…*, *op. cit.*, p. 22.

Vue de l'angle des rues de Charonne et Faidherbe / *Entrance front, seen across Rue de Charonne and Rue Faidherbe crossroads.*

Entrée et façade, rue de Charonne / *Entrance front, from Rue de Charonne.*

LE PALAIS DE LA FEMM
94
11e ARR
RUE DE
CHARONNE

Le grand escalier / *Main staircase.*
Le hall / *Main entrance hall.*
La salle de lecture / *Reading room.*

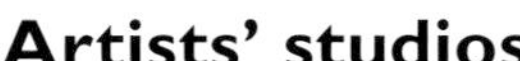

Artists' studios

During the 1920s, when the Surrealist painter-photographer Man Ray was living in one of the ground floor bachelor apartments to the left of the main entrance at No. 31 bis, Marcel Duchamp wrote to him saying, "to have a studio in this building [was] an extraordinary thing."[1] The street elevation of this block of artists' studios by André Arfvidson (1870-1935), with its lofty windows and light, predominantly yellow, glazed stoneware cladding tiles by Alexandre Bigot concealing the structure – reinforced concrete frame with brick infill panels – won first prize in the City of Paris *Concours des façades* of 1911.

The originality of this building, as was stressed at the time, lay in the accommodation on offer: large artists' studios in conjunction with comfortable apartments, ranging "from bachelor studios to studios with three bedrooms for the family man."[2] Double-height studios, large windows and staircases in residential apartments had novelty value, especially as artists' studios were then coming into fashion with the *bourgeoisie* as places to entertain.

What emerged here was a new architectural type, based on a specific commission, which sought to offer artists large, well-lit studios which could also be used as living accommodation. The studios, with their large windows, occupied the building's entire street frontage. In each, an internal staircase led up to a mezzanine large enough to form a small living room, with the rest of the accommodation housed on two floor levels overlooking the courtyard. In large apartments, the dining room, kitchen, w.c. and one bedroom were located on the lower level, while the staircase led up to more bedrooms and the bathroom. It was what is now called a *duplex* in France.

In other respects, the internal arrangements differed little from apartments designed to meet *bourgeois* expectations of the time, except living rooms were cramped and dining rooms were larger, south-facing and well-lit, with bay windows and colourful tiled chimney-pieces. The beamed ceilings usually associated with dining rooms were reinterpreted in concrete devoid of any mouldings or stucco, giving a stripped effect that was then highly uncommon. At the time, reinforced concrete was never exposed and to leave façades devoid of decoration was out of the question. To resolve the problem posed by the poor decorative character of concrete, architects and craftsmen joined forces to devise decorative systems as an integral part of buildings. Glazed stoneware was deemed to be "an indispensable palliative, a complementary material par excellence"[3] as an elevational cladding material. Among others, the Perret brothers had used it as early as 1903, for their apartment building at 25 bis, rue Franklin in Paris. It avoided the need for ornamental facings, which were abhorred, while protecting the concrete structure.

The fashion for artists' studios made them desirable places to live, especially among young intellectuals in quest of an unconventional life-style. Architects were quick to see a new demand on the part of clients who expected to find the levels of comfort to which they were accustomed in residential accommodation possessing the qualities of an artist's studio. The introduction of studio-apartments for non-artists in town houses or apartment blocks was to contribute to the transposition of the studio typology, but they did not always face north and were often complemented by other rooms typical of the conventional luxury apartments of the day.

The artist's studio – together with the double-height so-called "English hall" and the two-storey *hôtel* in early 20th-century French apartment buildings – was a forerunner of today's *duplex*. The taste for big double-height volumes and large areas of glazing was to become a hallmark of innovative housing throughout the 20th century. Artists' studios also provided opportunities for technical innovation, with iron, steel and reinforced concrete structures making the "free plan" possible. The residential typology and the related architectural imagery came to characterise modernity: "White, light space dedicated to 'essential pleasures,' as Le Corbusier once put it, lit from only one side by a great wall of glass, a mezzanine or gallery and the staircase clearly visible in one corner – all modern architecture is here!"[4] M. E.

1. Marcel Duchamp, "Letter to Man Ray, July 1922," in Billy Klüver, Edith Ochs, Julie Martin, *Kiki's Paris: Artists and Lovers 1900-1930*, Paris, Flammarion, 1989, p.111.
2. "Maison d'artistes, 31 rue Campagne-Première à Paris; A. Arfvidson architecte SADG," *L'Architecte*, No. 2., February 1912, pp. 12-13.
3. C. Saunier, "Nouvelles applications du grès flammé au revêtement des façades," *L'Architecte*, No. 11, November 1908, p. 83.
4. François Chaslin, "De l'architecture de l'atelier," *La Vie d'artiste, Feuilles*, No. 7, Winter 1983/1984.

Immeuble pour artistes

Lorsque le peintre et photographe surréaliste Man Ray occupait, au début des années 20, un appartement pour célibataire, au rez-de-chaussée à gauche de l'entrée du 31bis, Marcel Duchamp lui écrivit qu'« avoir un atelier dans cet immeuble (était) une chose remarquable[1] ». La façade de l'immeuble d'ateliers d'artistes d'André Arfvidson (1870-1935), percée de hautes verrières et rendue très lumineuse par un revêtement de grès flammé d'Alexandre Bigot à dominante jaune qui masque la structure en béton armé avec remplissage de briques, lui valut le premier prix du concours des façades de la Ville de Paris en 1911.

La nouveauté du bâtiment est de mêler de grands ateliers d'artistes à des appartements confortables. Ces habitations vont « de l'atelier du célibataire à l'atelier du père de famille avec trois chambres à coucher » souligne-t-on alors[2]. La double hauteur des ateliers, les grands vitrages, l'escalier intérieur dans un appartement sont des éléments originaux à l'époque et font de l'atelier d'artiste un espace de réception très valorisé dans la bourgeoisie.

C'est un nouveau programme architectural qui naît alors, fondé sur une commande spécifique et le souci de donner à l'artiste un lieu professionnel de grand volume à la lumière bien maîtrisée, qui soit aussi un lieu domestique. Les ateliers, avec leur verrière, occupent toute la façade sur rue. L'escalier intérieur permet d'accéder à une galerie en surplomb qui s'élargit pour former un petit salon, tandis que le reste de l'habitation occupe les deux niveaux ouverts sur la cour. Dans les grands appartements, la salle à manger, la cuisine, les w.-c. et une chambre sont situés au niveau bas. L'escalier dessert les chambres et la salle de bains. C'est un duplex comme nous l'entendons aujourd'hui.

Le reste de la distribution ne se différencie pas de l'organisation souhaitée par les grands bourgeois de l'époque, à l'exception du salon qui est ici de très petite dimension alors que la salle à manger est plus vaste. Celle-ci, orientée au sud, est très bien éclairée par un *bow-window* et ornée d'une cheminée aux faïences colorées. Le décor du plafond de la salle à manger, formé de poutres de ciment armé, reprend le dessin habituel des plafonds de cette pièce mais sans moulure ni stuc et dans un style dépouillé peu banal pour l'époque. Le ciment armé ne se montre pas alors dans sa nudité et il est exclu qu'une façade ne soit pas du tout décorée. Aussi, la question de la pauvreté décorative du béton est-elle posée et les architectes s'allient à des artisans pour créer ensemble des systèmes décoratifs qui sont partie prenante de la construction. Le grès flammé, comme revêtement de façades, est un « palliatif indispensable, [un] matériau complémentaire par excellence[3] ». Parmi d'autres, les frères Perret l'avaient utilisé dès 1903 pour revêtir leur immeuble du 25bis rue Franklin. Le grès évite le placage ornemental si décrié et protège en même temps la structure de ciment.

Cette mode des ateliers d'artistes en fait des lieux d'habitations convoités par ceux qui, jeunes intellectuels, jeunes romanciers, veulent avoir un mode d'habiter original. Les architectes vont vite comprendre que les clients veulent retrouver le confort auquel ils sont habitués tout en conservant les qualités de l'atelier. Les ateliers, non destinés aux artistes inclus dans des hôtels et des immeubles, seront une transposition de l'atelier comme type architectural. Ils ne seront plus systématiquement orientés au nord, leur isolation sera mieux étudiée et ils seront entourés d'autres pièces conçues selon les règles, habituelles alors, de l'habitation de luxe.

L'atelier d'artiste est, avec le hall anglais à double hauteur et l'hôtel dans l'immeuble du début du XXe siècle (appartement à deux niveaux superposés), l'ancêtre du duplex d'aujourd'hui. Le goût de la double hauteur, des grands volumes, des vastes verrières est une constante de l'habitation novatrice pendant tout le XXe siècle. Les ateliers d'artistes ont aussi été des lieux d'innovation technique avec leur structure de fer, de béton armé et de verre qui permet le plan libre. Type d'habitation et écriture architecturale se conjuguent pour y dessiner les traits de la modernité.

« L'espace blanc et lumineux, voué aux "joies essentielles" comme dira un jour Le Corbusier, éclairé d'un seul côté par une grande paroi de verre, la mezzanine ou duplex, l'escalier bien apparent dans un coin... Voici toute l'architecture moderne[4] ! »

M. E.

André Arfvidson

31-31bis, rue Campagne-Première
Paris XIVe
1911

Les céramiques de la façade principale, rue Campagne-Première / *Ceramic cladding, main entrance front, Rue Campagne-Première.*

L'immeuble et l'angle du boulevard Raspail et de la rue Campagne-Première / *The building, seen across Boulevard Raspail and Rue Campagne-Première crossroads.*

1. Marcel Duchamp, lettre à Man Ray, juillet 1922, Billy Klüver, Edith Ochs, Julie Martin, *Kiki et Montparnasse* (traduction de *Kiki's Paris : artists and lovers 1900-1930*), Paris, Flammarion, 1989, p.111.
2. « Maison d'artistes, 31, rue Campagne-Première à Paris ; André Arfvidson architecte sadg », *L'Architecte*, février 1913, pp. 12-13.
3. Ch. Saunier, « Nouvelles Applications du grès flammé au revêtement des façades », *L'Architecte*, novembre 1908, p. 83.
4. François Chaslin, « De l'architecture de l'atelier », *La Vie d'artiste, Feuilles*, n° 7, hiver 1983-1984.

Façade principale, rue Campagne-Première / *Principal facade, Rue Campagne-Première.*

Détail de la façade / *Principal facade, detail.*

Revêtement de grès flammé d'Alexandre Bigot / *Glazed stoneware by Alexandre Bigot, detail.*

Grand atelier au deuxième étage, vu vers la rue / *Large second-floor studio, looking towards street.*

Grand atelier au deuxième étage, vu depuis le côté de la rue / *Large second-floor studio, looking inwards.*

Petit atelier au rez-de-chaussée / *Small ground-floor studio.*

Apartment building

This manifesto building could not have been built under the normal conditions prevailing at the time. Co-ownership was then in its infancy and it took the daring of a fully committed group of clients who wanted to enjoy a particular life-style and were themselves involved with the intellectual avant-garde, like the interior designer Francis Jourdain, to embark on such an adventure. The *Société des maisons à gradins*, which commissioned and funded the building, was composed of friends of Henri Sauvage (1873-1932). François Loyer has described the building as an authentic early example of the *immeuble-villas*,[1] but Sauvage did not share Le Corbusier's genius for publicity and it was the latter who claimed to have invented the *immeuble-villas* in 1922.

At the time it was built, to have a terrace, roof-terrace or loggia in a private house or apartment building in the wealthy districts of Paris was both avant-garde and a sign of luxury. Wide, stepped-back terraces were also a means to meet sight-line regulations governing the upper part of the building. Moreover, Sauvage and his circle shared the hygienist ideals of many of their contemporaries: fresh air and sunlight were seen as the secret of good health and salubrious housing. The new rue Vavin building received extensive coverage and acclaim in the architectural press, where the technical procedures were described and the advantages underlined: "This approach entails an arrangement whereby the apartments are stepped back, one above the other, so each storey has a wide terrace along the main frontage, thereby distributing air and light throughout. Courtyards and lightwells are of secondary importance and can be omitted in many cases, all rooms being daylit from the façade. This arrangement produces lively elevations with no risk of monotony, thus dispensing with the need to add projections or sculpture. The terraces can be transformed into hanging gardens – greenery and flowers provide all the decoration needed to complement the construction. There is no good reason why materials like ceramic tiles should not be used [as they are here] to create façades which are both elegant and durable."[2]

In fact, widespread use was already being made of white ceramic cladding to conceal concrete, reinforced or otherwise. But architects (Auguste Perret at Avenue de Wagram, for example, or Léon Chesnay at Rue de Messine) did not dare use it for street elevations; they employed it to brighten courtyards, often enlivened with coloured friezes. Sauvage was bold enough to turn this arrangement inside out, by opting to clad the street frontage with white *métro* tiles, to dispense with the heavy elevational decoration usual at the time, and to reveal the structure of this "dirt-free" building.

The internal arrangement of the apartments was in keeping with contemporary notions of modernity: two-storey units called an *hôtel* – the forerunner of what are now known as a *maisonette* or *duplex* – were then commonplace in luxury apartment buildings as were smoking rooms and double-height rooms called *halls*. Here, *halls familiaux* (i.e. living rooms) and artists' studios were double-height. Three large apartments at each level combined fairly conventional practice – dining rooms overlooking the courtyard and service stairs giving onto kitchens – with such innovations as bedrooms grouped around a bathroom in a private area of the apartment and artists' studios doubling as living rooms. Central heating was also a novelty at the time; here, radiators were installed instead of fireplaces in most rooms. The absence of overbearing decorations meant residents could use and decorate each room as they pleased.

Fencing rooms were added during the design process and, for a while, the building was called the *Maison sportive à gradins*. Sauvage lived there from 1913 to 1932 and ran his office in one of the second-floor studios from 1913 until 1931. When he came to design the neighbouring building on the corner between the Rue Vavin and Boulevard Raspail in 1925, he no longer had the same daring; it is a more conventional building for less adventurous clients.[3] M. E.

1. See his essay in "Henri Sauvage, 1873-1932," *Archives d'architecture moderne*, Brussels, 1976 ("Sauvage, or the Renunciation" in 1978 English language edition, cf. infra).
2. *La Construction moderne*, 20-27 September 1914, p. 577. See also H. François, "La maison à gradins," *L'Illustration*, 21 March 1914, pp.220-221; Maurice Culot & Lise Grenier [editors], Henri Sauvage, 1873-1932, *Archives d'architecture moderne*, Brussels, 1976 [English language edition, same title, same publisher, 1978]; and François Loyer & Hélène Guéné, *Henri Sauvage, les immeubles à gradins*, Brussels & Liège, Pierre Mardaga, 1987 [with parallel texts in English and French].
3. On this curious juxtaposition, see the article by Antoine Grumbach, "Sauvage, le pur et l'impur," *Architecture Mouvement Continuité*, No. 37, 1976, pp. 47-48.

Immeuble d'habitation

Immeuble à gradins

Cet immeuble est un manifeste qui n'aurait pu être construit dans les conditions traditionnelles de production de l'époque. La copropriété était naissante et il fallait des clients convaincus, voulant jouir d'un certain art de vivre et engagés eux-mêmes dans l'avant-garde intellectuelle ou artistique, comme l'architecte d'intérieur Francis Jourdain, pour oser entreprendre cette aventure. La Société des maisons à gradins, constituée d'amis d'Henri Sauvage (1873-1932), finance et commandite l'immeuble. François Loyer y voit un authentique immeuble-villas avant la lettre[1], mais il faut croire que Sauvage n'avait pas le génie de la communication de Le Corbusier qui « inventera » ce type en 1922.

À l'époque de sa construction, dans des hôtels privés mais aussi dans les immeubles des beaux quartiers, les terrasses ou toits-terrasses, les loggias, sont un signe de luxe et d'avant-garde. Les larges terrasses en retrait permettent aussi de respecter la règle de prospect dans la partie supérieure du bâtiment. De plus, Sauvage et son entourage partagent les valeurs hygiénistes de beaucoup de leurs contemporains qui voient dans l'aération et l'ensoleillement le secret de la bonne santé et de l'habitation salubre. L'immeuble va être très remarqué et bien accueilli dans la presse architecturale qui décrit le procédé et en souligne les avantages.

« Cette solution consiste à disposer les appartements en retrait, les uns par rapport aux autres, de façon à laisser à chaque étage de vastes terrasses en façade, distribuant ainsi partout l'air et la lumière. Les cours et courettes ne sont plus que l'accessoire et, dans bien des cas, elles peuvent être supprimées, toutes les pièces prenant jour sur la façade. Cette disposition donne lieu à des façades mouvementées, ne risquant jamais la monotonie, et qu'il est inutile de chercher à égayer par des saillies et des sculptures. On peut les transformer en jardins suspendus, et la verdure et les fleurs se chargent aisément de la partie décorative de la construction. Rien n'empêche, comme c'est ici le cas, d'employer des matériaux de choix, la céramique, pour assurer l'élégance et la durée des façades[2] ».

En fait, l'emploi de la faïence blanche était déjà courant à l'époque pour cacher le ciment armé ou le béton, mais les architectes (comme par exemple Auguste Perret, avenue de Wagram ou Léon Chesnay, rue de Messine) n'osaient pas l'employer pour la façade sur rue. Ils en ornaient les cours qu'ils rendaient ainsi très lumineuses en les scandant de frises de couleur. L'audace de Sauvage aura consisté à inverser le système, à choisir des céramiques dites « métro », à renoncer aux lourds décors de façade courants à l'époque et à laisser voir la structure d'un immeuble « insalissable ».

En ce qui concerne l'organisation intérieure des appartements, elle est conforme à ce que l'époque tenait pour moderne : l'appartement formant hôtel, ancêtre du duplex actuel est alors banal dans les immeubles de luxe ainsi que les fumoirs et les halls (dénommés ici « halls familiaux », c'est-à-dire pièces de séjour) et les ateliers d'artistes sont à double hauteur. À chaque étage, les trois immenses appartements aérés par des courettes internes conjuguent des principes plutôt traditionnels – la salle à manger sur cour et l'escalier de service ouvrant sur la cuisine – avec des dispositifs innovants – le regroupement des chambres dans une partie privée avec une salle de bains entre deux d'entre elles et l'atelier d'artiste qui double le salon. Confort aussi, inédit jusqu'alors, des radiateurs qui remplacent les cheminées dans la plupart des pièces. L'absence d'un décor trop présent permet à l'habitant d'utiliser et de décorer chaque pièce à sa guise.

Dans le cours du projet, des salles d'escrime seront introduites qui ont fait qualifier un temps l'immeuble de « maison sportive à gradins ». Sauvage l'habitera de 1913 à 1932 et son agence y occupera, de 1913 à 1931, un atelier du second étage. Dans l'immeuble voisin, situé à l'angle de la rue Vavin et du boulevard Raspail, Sauvage n'aura plus, en 1925, la même hardiesse et construira un édifice des plus conventionnels pour des habitants moins aventureux[3]. M. E.

1. Voir sa contribution « Sauvage ou le renoncement » dans *Henri Sauvage. 1873-1932*, Bruxelles, Archives d'architecture moderne, 1976, pp. 35-63.
2. *La Construction moderne*, 20-27 septembre 1914, p. 57. Voir aussi H. François, « La Maison à gradins », *L'Illustration*, 21 mars 1914, pp. 220-221 ; Maurice Culot, Lise Grenier (dir.), *Henri Sauvage (1873-1932)*, Bruxelles, Paris, Sadg/Bruxelles, Archives d'architecture moderne, 1976 ; François Loyer, Hélène Guéné, *Henri Sauvage, les immeubles à gradins*, Bruxelles & Liège, Pierre Mardaga, 1987.
3. Voir sur ce voisinage troublant, l'article d'Antoine Grumbach, « Sauvage, le pur et l'impur », *Architecture, mouvement, continuité*, n° 37, 1976, pp. 47-48.

Henri Sauvage
Charles Sarrazin

26, rue Vavin, Paris VIe
1913

Les céramiques de la façade, rue Vavin / *Ceramic cladding, Rue Vavin frontage.*

L'immeuble et l'alignement de la rue Vavin / *Rue Vavin frontage.*

Pages suivantes / *following pages:*

Façade, rue Vavin / *Rue Vavin frontage.*

Façade, rue Vavin / *Rue Vavin frontage.*

L'étagement des terrasses / *Stepped roof-terraces, Rue Vavin frontage.*

artes

Escalier principal et cage d'ascenseur / *Main staircase and lift-well.*

Entrée de l'immeuble / *Main entrance hall.*

Une cheminée au 5e étage / *Chimney-piece at fifth-floor level.*

Un salon au 5e étage, face à la rue Vavin / *A fifth-floor living room overlooking Rue Vavin.*

Theatre

Denounced as soon as it was inaugurated by defenders of classical and national virtues as "Hun architecture" of "somewhat dry and deliberately sparse solemnity" and, as such, a departure "from all French traditions,"[1] this building was immediately considered scandalous, as much for its architecture as for the iconoclastic productions that were staged there – Diaghilev's production of Stravinsky's *The Rite of Spring* among them.

The project originated with Gabriel Astruc, for a site on the Champs-Élysées. The first scheme was drawn up in 1907, by the Swiss architect Henri Fivaz (1856-1933), but the City of Paris suggested a less prominent site, on the Avenue Montaigne for the proposed building, which was to contain three auditoria: a 2,000-seat concert hall, a 1,200-seat theatre *(la Comédie)* and an 800-seat playhouse *(le Studio)*.

Several architects jostled over the nascent project: Roger Bouvard (1875-1961) was responsible for the preliminary designs. He was replaced by the then director of the Weimar School of Arts, Henry van de Velde (1863-1957), on the recommendation of the artist Maurice Denis. Van de Velde designed the detailed layout plans, the large auditorium and the initial elevational scheme. The firm Perret Frères was invited to design and build a fire-proof concrete structure, instead of the metal structure envisaged in the initial scheme. The two brothers, Auguste Perret (1874-1954) and Gustave Perret (1876-1952) gradually took charge of the whole project.[2]

The Perrets' technical solution, which essentially consisted of two pairs of bow-string trusses supported on four pairs of concrete piers braced by ground beams, allowed for the upper tiers of seating in the auditorium derived from Van de Velde's project to be suspended from the structure.[3] The load-bearing structure, which was partially hidden by the decor, generated a geometric grid which governed the whole building, right through to the main entrance front where it is perceptible in the massing. In the words of Auguste Perret, it was on these "four groups of two points" that "all the structural columns are aligned – columns which culminate in the façade with the two pylons [flanking] the great portico."[4]

This coincidence should not distract attention from the abundance of contradictions in a building which was, after all, designed to reflect unity between art and architecture. The first concerns the relationship between the inside and the outside of the theatre. The contribution made by the sculptor Antoine Bourdelle was crucial to the concept of the main entrance front, where his frieze depicts *The Muses running to Apollo* and *Apollo at his Meditation*. Le Corbusier would describe this elevation as "much mangled by the heavy hand of Bourdelle;" although the internal structural frame is expressed elevationally, in accordance with the Perret brothers' principles, it is encased in marble cladding. Another contradiction is the stylistic clash between the solemn order employed for main entrance front giving onto the Avenue Montaigne and the idiom adopted for the flank elevation giving onto the side passage.

The sequence of interior spaces is complex, because each auditorium has its own entrance and ancillary spaces. The foyer serving the large auditorium, for instance, has columns decorated by Bourdelle in a slightly Greek vein. Interventions by artists transformed the building into a work of "Total Art" dedicated to the performance arts: various branches of music are depicted in the murals painted by Maurice Denis in the dome of the large auditorium, where his *Song* and *Dance* bas-reliefs adorn the organ loft above the proscenium. The smaller theatre has two murals painted by Edouard Vuillard – *Le petit café* and *Pélleas et Mélisande à la chapelle des aveugles* – in the foyer. Ker-Xavier Roussel was commissioned to paint the stage curtain. The theatre was inaugurated on 31st March 1913 with a performance of Berlioz's *Benvenuto Cellini*. J.-L. C.

1. M. Brincourt, "Le Nouveau Théâtre des Champs-Élysées," *L'Architecture*, 17 May 1913, pp. 157-164, and "L'Inauguration du théâtre des Champs-Élysées," *L'Illustration*, 5 April 1913. The most thorough analysis of these reactions is that by Jean-Claude Vigato: "Moderne, encore moderne, toujours moderne! Les tribulations du théâtre des Champs-Élysées," *Les Cahiers de la recherche architecturale*, No. 12, November 1982, pp. 24-40.
2. Joseph Abram, "Histoire mouvementée du théâtre des Champs-Élysées, Auguste, Henry, Antoine ... et les autres," *Architecture Mouvement Continuité*, No. 18, December 1987, pp. 70-73.
3. On the question of the theatre's paternity, see: Jean-Michel Nectoux (editor), *1913: Le Théâtre des Champs-Élysées*, Paris, Réunion des Musées Nationaux, 1987. Shaped like an archery bow and used-among others things-for bridge-building, the bow-string truss provides a means to support vertical load-bearing ties.
4. Auguste Perret, letter published in: Pascal Forthuny, "Le Théâtre des Champs-Élysées," *Les Cahiers de l'art moderne*, No. 7, 30 October 1923, p. 7, quoted in Maurice Culot, David Peyceré, Gilles Ragot [editors], *Les Frères Perret, l'œuvre complète*, Paris, Institut Français d'Architecture/Norma, 2000, p. 100.

Théâtre des Champs-Élysées

Dénoncé lors de son inauguration par les gardiens du temple des vertus classiques et nationales comme « une architecture boche », « d'une solennité un peu sèche, délibérément indigente et par là s'écartant de toute tradition française[1] », cet édifice est d'emblée scandaleux autant par son architecture que par les spectacles iconoclastes qui s'y donnent, tel le *Sacre du Printemps* de Stravinsky, dans la mise en scène de Diaghilev.

Le théâtre trouve son origine dans l'idée conçue par Gabriel Astruc, familier des scènes modernes américaines, de réaliser un « palais philharmonique », initialement implanté au carré Marigny. Un premier projet, de facture néoclassique, est élaboré en 1907 par l'architecte suisse Henri Fivaz (1856-1933). Les pétitions de la droite antisémite contre Astruc conduisent la Ville de Paris à suggérer le terrain plus discret de l'avenue Montaigne pour y implanter les trois salles envisagées – une salle lyrique et symphonique de 2 000 places, la « Comédie » de 1 200 places et le « Studio » de 800 places.

Plusieurs architectes se bousculeront dès lors autour du berceau du théâtre : Roger Bouvard (1875-1961), responsable des études qui se succèdent à partir de 1907, Henry van de Velde (1863-1957), alors directeur de l'École d'art de Weimar, dont la candidature est suggérée par Maurice Denis. Van de Velde est familier avec les mises en scènes d'avant-garde de Gordon Craig et Max Reinhardt et imagine les distributions principales, la salle et les premières façades. Introduite dans l'équipe pour concevoir et réaliser une structure incombustible en béton armé, alors que le projet initial était en métal, l'agence des frères Auguste Perret (1874-1954) et Gustave Perret (1876-1952) prendra progressivement le contrôle de l'entreprise[2].

Leur solution technique, fondée sur la mise en place de deux paires d'arcs en *bow-string*, portés par quatre paires de piles en béton raidies par des poutres souterraines, permet de construire en encorbellement les balcons de la salle, dont les lignes dérivent encore du projet de van de Velde. Dans la formulation de la théorie du « classicisme structurel » des Perret, le théâtre joue un rôle essentiel, que la diffusion de la célèbre vue axonométrique de l'ossature du bâtiment, figurant ces arcs, révèlera[3]. Ce dispositif porteur, en partie caché par le décor, génère une trame géométrique dont la règle s'impose à l'ensemble de l'édifice, jusqu'à être perçue dans le découpage de la façade. Perret précise que c'est sur ces « quatre groupes de deux points » que « s'alignent tous les poteaux de la construction, poteaux qui aboutissent en façade aux deux pylônes (du) grand portique[4] ».

Cet effet unitaire ne doit pas faire oublier les contradictions dont abonde un édifice pourtant basé sur la recherche de l'unité des arts et de l'architecture. La première porte sur le rapport entre l'intérieur et l'extérieur du théâtre. La contribution du sculpteur Antoine Bourdelle est déterminante pour la conception de la façade. Sa frise figure *Les Muses accourant vers Apollon* et *Apollon et sa méditation*. « Fortement triturée par la poigne de Bourdelle », comme l'écrira Le Corbusier, la façade transcrit à l'extérieur, grâce à Perret, l'ordre de l'ossature intérieure, mais le fige dans son revêtement de marbre. Une autre contradiction oppose l'ordre solennel de la façade principale sur l'avenue Montaigne à l'écriture de la façade latérale sur le passage, reprise d'une certaine manière par la toiture et les superstructures initiales. La monumentalité d'esprit classique du portique d'entrée s'oppose à l'utilitarisme des côtés et de la terrasse. Objet de polémiques lors de sa construction en 1990, le restaurant panoramique réalisé sur la toiture du théâtre dans un langage plus « corbuséen » que « perretien » est pratiquement invisible de l'avenue Montaigne.

La séquence des espaces intérieurs est complexe puisque chaque entité dispose de ses accès et de ses dégagements. La grande salle est en particulier dotée d'un atrium à colonnes décoré par Bourdelle où une certaine inspiration grecque est perceptible. L'intervention des artistes en fait une véritable œuvre d'art totale consacrée aux arts du spectacle, avec la coupole de Maurice Denis, figurant dans la grande salle les différentes disciplines musicales représentées au théâtre, et ses bas-reliefs *Le Chant* et *La Danse*, encadrant l'orgue situé au-dessus du cadre de scène. Édouard Vuillard élabore, quant à lui, les fresques *Le Petit Café* et *Pélleas et Mélisande à la chapelle des aveugles* pour le foyer de la Comédie, dont le rideau de scène est confié à Ker-Xavier Roussel. Le théâtre sera inauguré le 31 mars 1913 avec *Benvenuto Ceilini* de Berlioz. J.-L. C.

Auguste Perret
Roger Bouvard
Henry van de Velde
Antoine Bourdelle

15, avenue Montaigne, Paris VIIIe
1913

Entrée de la Comédie, avenue Montaigne / *Entrance to the Comédie des Champs-Elysées, Avenue Montaigne.*
Frise d'Antoine Bourdelle / *Frieze by Antoine Bourdelle.*

1. M. Brincourt, « Le Nouveau Théâtre des Champs- Élysées », *L'Architecture*, 17 mai 1913, pp. 157-164 et « L'Inauguration du théâtre des Champs- Élysées », *L'Illustration*, 5 avril 1913.
La lecture la plus méticuleuse de ces positions est celle de Jean-Claude Vigato : « Moderne, encore moderne, toujours moderne ! Les tribulations du théâtre des Champs-Élysées », *in Les Cahiers de la recherche architecturale*, n° 12, novembre 1982, pp. 24-40.
2. Joseph Abram, « Histoire mouvementée du théâtre des Champs-Élysées, Auguste, Henry, Antoine… et les autres », *Architecture, mouvement, continuité*, n° 18, décembre 1987, pp. 70-73.
3. Voir sur la question de la paternité du théâtre Jean-Michel Nectoux (dir.), *1913. Le Théâtre des Champs-Élysées*, Paris, Réunion des musées nationaux, 1987. Utilisés pour la construction des ponts, les *bow-strings* sont des arcs supportant des tirants verticaux.
4. Auguste Perret, lettre publiée dans Pascal Forthuny, « Le Théâtre des Champs-Élysées », *Les Cahiers de l'art moderne*, n° 7, 30 octobre 1923, p. 7, cité *in* Maurice Culot, David Peyceré, Gilles Ragot (dir.), *Les Frères Perret, l'œuvre complète*, Paris, Norma/Institut français d'architecture, 2000, p. 100.

Façade, avenue Montaigne / *Principal entrance front, Avenue Montaigne.*

Angle sud-est et alignement de l'avenue Montaigne / *South-east corner and Avenue Montaigne frontage.*

Pages suivantes / *following pages:*

Grand hall et escalier du théâtre / *Main theatre foyer and staircase.*

COMEDIE STUDIO
COMEDIE STUDIO
COMEDIE des CHAMPS-ELYSEES
DUPEREY
GIRAUDEAU
le Plaisir de Rompre
JULES RENARD
BERNARD MURAT
STUDIO des CHAMPS-ELYSÉES
GUY DESCAUX
ELISABETH DEPARDIEU
JEAN-MICHEL DUPUIS
LE BANC
ALEXANDRE GUELMAN
SASKIA COHEN-TANUGI
SASKIA COHEN-TANUGI
MICHELINE SAADA
JEAN BAUER
FRANÇOIS-XAVIER HOULLIER
DIDIER GIRARD

Luminaire du théâtre / *Central light, theatre auditorium.*

Décor de la coupole du théâtre par Maurice Denis / *Mural paintings by Maurice Denis in the dome of the* Théâtre des Champs-Elysées.

Parterre, balcons et coupole du théâtre avec le décor de Maurice Denis / *Theatre auditorium: stalls, tiers and dome decorated by Maurice Denis.*

SVR LES CIMES DANS L'ANGOISSE ET LE REVE DRAME LYRIQVE OV POEME LA MVSIQVE S'EFFORCE VERS VN PVR IDEAL

Private houses

Built for the Basel-born banker Raoul La Roche and for the architect's cousin, the musician Albert Jeanneret, these two adjoining houses represent a fundamental turning point in the work of Le Corbusier (1887-1965). Like many of his Parisian projects,[1] his initial schemes for this site in the *bourgeois* yet then still rural district of Auteuil were conceived like a speculative housing estate.[2] As the scope of the project was gradually whittled down, the initial symmetrical layout was abandoned in favour of a radically different architectural concept, notably influenced by the Neo-plasticism of De Stijl, in the much smaller scheme that emerged.

The impact made on Le Corbusier by seeing the models by Theo van Doesburg and Cornelis van Eesteren shown at the exhibition *Les architectes du groupe De Stijl,* which opened at the Léonce Rosenberg gallery in Paris on 15 October 1923, prompted him to review the principles upon which he had previously based his housing projects.[3]

In response to the planar forms deployed by the De Stijl group to "denaturise" architecture, Le Corbusier amended the fenestration of the two houses, enlarging the conventional openings initially envisaged to stretch to the corners of the walls. The building envelope thus ceased to consist of load-bearing walls pierced by openings and instead became an interplay between solids and voids. A notion of key importance in his work, the "architectural promenade," was used here for the first time. The main spaces in the La Roche house are connected to a route linking a sequence of contrasting views spreading upwards, horizontally and downwards. On climbing the stairs which opens from the entrance hall, the extent of the latter volume is revealed and its relationship with the dining room becomes apparent. Then, above the trees, the promenade leads to the picture gallery which provided a setting for the Cubist and Purist paintings Le Corbusier and Amédée Ozenfant were then encouraging Raoul La Roche to buy.[4] The curving gallery wall supports a ramp leading to the roof-terrace.

Having discovered this new approach to form, Le Corbusier finally abandoned the Structural Rationalism inherited from Auguste Perret, to concentrate on tackling the design of surfaces freed of their structural function. When situating the La Roche-Jeanneret houses in his overall approach, by comparison with the "very ample" type represented by the Villa Savoye – a house built on *pilotis* at Poissy in 1929-1930 – Le Corbusier described the former as a type which "shows each organ rising up next to its neighbor, in accordance with an organic reasoning: the inside takes its ease, and pushes out to form diverse projections. This principle leads to a pyramidal composition which can become busy if one doesn't watch out."[5]

Despite this deductive compositional method, which in a way perpetuated that employed by Rationalists at the end of the 19th century, there was nevertheless a guiding principle governing the relationship between the different elements of the building. While the interiors of the La Roche-Jeanneret houses explored new spaces, the proportions of external volumes and openings were defined by a *tracé regulateur* (regulating lines) based on the Golden Section. J.-L. C.

1. Tim Benton, *Les Villas de Le Corbusier et Pierre Jeanneret 1920-1930*, Paris, Philippe Sers, 1984 pp. 45-75 [English-language edition: *The Villas of Le Corbusier and Pierre Jeanneret 1920-1930*, New Haven & London, Yale University Press, 1987].
2. For the 1923 De Stijl exhibition in Paris, see: Bruno Reichlin, "Le Corbusier vs. De Stijl," in *De Stijl et l'architecture en France*, Paris, Institut Français d'Architecture/Brussels & Liège, Pierre Mardaga, 1985, pp. 91-108.
3. On the relations between architect and client, see: Ulrike Jehle-Schulte Strathaus, *Le Corbusier und Raoul La Roche: Architekt und Maler- Bauherr und Sammler*, Basle, Architekturmuseum, 1987 [exhibition catalogue].
4. Le Corbusier, "Le Plan de la maison moderne," in *Précisons sur un état présent de l'architecture et de l'urbanisme*, Paris, G. Crès & Cie, 1930, p. 134. [English-language edition: *Precisions: On the Present State of Architecture and City Planning*, Cambridge Massachusetts, The MIT Press, 1991].
5. Jacques Sbriglio, *Le Corbusier: les villas La Roche-Jeanneret*, Paris, Le Corbusier Foundation/Basle, Birkhäuser Verlag, 1997.

Maisons La Roche et Jeanneret

Édifiées pour le banquier bâlois Raoul La Roche et pour le cousin de l'architecte, le musicien Albert Jeanneret, ces deux maisons contiguës correspondent à une rupture fondamentale dans l'œuvre de Le Corbusier (1887-1965). Les projets initiaux pour ce terrain situé dans le quartier bourgeois, mais encore assez villageois à l'époque, d'Auteuil, s'apparentaient à une opération spéculative d'ensemble, comme beaucoup des projets parisiens de l'architecte [1]. Progressivement, un programme plus limité émergera et la composition symétrique des origines laissera la place à une architecture radicalement nouvelle, notamment sous l'effet du néoplasticisme de De Stijl.

Sous l'emprise de la découverte des maquettes de Théo van Doesburg et Cornelis van Eesteren, présentées à l'exposition « Les Architectes du groupe De Stijl », qui s'ouvre le 15 octobre 1923 à la galerie Léonce Rosenberg de Paris, Le Corbusier révise les principes sur lesquels il fondait jusque-là ses projets d'habitation [2].

Réagissant aux formes planaires avec lesquelles De Stijl propose une architecture « dénaturalisée », Le Corbusier élargit les ouvertures conventionnelles prévues initialement dans les murs des deux villas pour les faire coïncider avec les angles. L'enveloppe du bâtiment cesse ainsi d'être faite de murs porteurs percés de trous pour devenir un assemblage de grands plans pleins ou vides. Notion essentielle dans l'œuvre de l'architecte, la « promenade architecturale » est ici mise en œuvre pour la première fois. Les principaux espaces de la maison La Roche sont chaînés au long d'un parcours qui relie des vues contrastées se déployant vers le haut, horizontalement et vers le bas. En gravissant l'escalier qui prolonge le hall d'entrée, l'ampleur de son volume se découvre et sa relation avec la salle à manger apparaît. Puis, au-dessus des arbres, la promenade conduit à la galerie de peinture, dont la paroi incurvée supporte une rampe conduisant à la toiture-terrasse. Elle offre leur écrin aux toiles cubistes et puristes dont Le Corbusier et Amédée Ozenfant suggèrent alors l'acquisition à Raoul La Roche [3].

Les nouvelles modalités du travail formel ainsi découvertes par Le Corbusier le voient délaisser enfin le rationalisme constructif hérité d'Auguste Perret pour aborder librement le dessin de surfaces affranchies de leur fonction structurale. Inscrivant le projet des maisons La Roche-Jeanneret dans une vision d'ensemble de sa démarche de conception, Le Corbusier y verra rétrospectivement, à côté du « type très généreux » de la villa Savoye, maison sur pilotis réalisée en 1929-1930 à Poissy, un type conçu par l'addition de volumes distincts. Pour lui, « chaque organe surgissant à côté de son voisin, suivant une raison organique, le dedans prend ses aises et pousse le dehors qui forme des saillies diverses [4] ». En dépit de ce mode de composition déductif prolongeant d'une certaine manière la méthode des rationalistes de la fin du XIXe siècle, la présence d'un principe directeur mettant en relation les différents éléments de l'édifice s'impose. Si les maisons La Roche-Jeanneret explorent de nouveaux espaces intérieurs, les proportions de ses volumes et de ses ouvertures, à l'extérieur, sont définies par un « tracé régulateur » fondé sur le nombre d'or [5].

J.-L. C.

1. Tim Benton, *Les Villas de Le Corbusier et Pierre Jeanneret, 1920-1930*, Paris, Philippe Sers, 1984, pp. 45-75.
2. Sur cette exposition parisienne du groupe néerlandais, voir Bruno Reichlin, « Le Corbusier vs. De Stijl », *in De Stijl et l'architecture en France*, Bruxelles & Liège, Pierre Mardaga/Paris, Institut français d'architecture, 1985, pp. 91-108.
3. Sur les rapports entre l'architecte et le client, voir Ulrike Jehle-Schulte Strathaus, *Le Corbusier und Raoul La Roche: Architekt und Maler – Bauherr und Sammler*, Bâle, Architekturmuseum, 1987 (cat. d'expo).
4. Le Corbusier, « Le Plan de la maison moderne », *in Précisions sur un état présent de l'architecture et de l'urbanisme*, Paris, G. Crès & Cie, 1930, p. 134.
5. Jacques Sbriglio, *Le Corbusier : les villas La Roche-Jeanneret*, Paris, Fondation Le Corbusier/Bâle, Birkhäuser Verlag, 1997.

Le Corbusier

8-10, square du Docteur-Blanche
Paris XVIe
1923

Grille d'entrée et verrière de la maison La Roche / *Entrance gate and window-wall, La Roche house.*

Galerie de peinture vue à travers la verrière de la maison La Roche / *Picture gallery seen through window-wall, La Roche house.*

Les deux maisons et le square du Docteur-Blanche / *The two houses bounding Square du Docteur-Blanche.*

Pilotis de la galerie de peinture de la maison La Roche / Pilotis *beneath picture gallery, La Roche house.*

Hall de la maison La Roche / *Entrance hall, La Roche house.*

Le palier et le premier étage de la maison La Roche / *Landing and first floor, La Roche house.*

Balcon sur le hall de la maison La Roche et vue de l'extérieur de la galerie de peinture / *Upper-level gangway overlooking hall and external view of picture gallery, La Roche house.*

Niveaux haut et bas de la galerie de peinture / *Upper and lower levels, picture gallery, La Roche house.*

Rampe de la galerie de peinture / *Picture gallery ramp, La Roche house.*

Housing development

In 1925, when questioned on the future of housing, Rob Mallet-Stevens (1886-1945) maintained it would be "rational; the abode of tomorrow will be convenient, healthy and light because that is a real duty," and that "plain, simple buildings suited to their purpose will be built, for we shall no longer be bound by pastiche."[1] Two years after the first modern housing development in Paris – André Lurçat's "Villa Seurat," Mallet-Stevens put his ideas into practice in the private housing development which, most unusually, was named after the architect from the start. The site was close to Le Corbusier's La Roche house but the building plots were larger and the clients wealthier, which allowed more scope for spatial interplay. The result was regarded by critics as proof that "there are no grounds for the endless complaints of monotony made about modern buildings [and that], without any of the particular requirements of the layout being sacrificed, a play of volumes in space can be achieved and, moreover, the overall effect can be picturesque too."[2]

The architect's own house was among the first five be built. Located at the entrance to the Rue Mallet-Stevens, it articulated a tall building running parallel with the street. Contained within a vertical volume, the double-height living room gave onto a roof terrace over the architect's ground-storey office. Abutting this first house, and differentiated from it by a shift in floor levels, the studio and living accommodation for the sculptors Jan and Joël Martel were laid out on a more compact L-plan, with rooms distributed around the vertical cylinder containing the stairwell; it represents a hollow spine and leads to a belvedere topped off with a kind of circular cap. In addition to these two prominently placed houses, the development further along the street included town houses for Daniel Dreyfus and the film director Allatini, the latter containing a 150-seat private cinema, and a vast double-height apartment for the pianist Reifenberg.[3]

The ground storey was given over to artists' studios or garaging for cars; the living accommodation provided above was spacious and gave onto open roof-terraces, some of the highest affording panoramic views over the cubic volumes. Details were co-ordinated and numerous artists and craftsmen were involved in making them, among others the stained-glass specialist Louis Barillet and the young blacksmith Jean Prouvé, while the development of the street was supervised on site by the Vienna-trained Persian architect, Gabriel Guevrekian.

Mallet-Stevens, by combining the luxury of the interiors – which he designed himself or entrusted to Francis Jourdain or Pierre Chareau – with interplay of volumes, anticipated that "modern architecture can be something other than a compact block of stone and timber." To him, "unified surfaces, crisp edges, clear-cut curves, polished materials and right-angles" were an intimation of the "logical, geometric house of tomorrow."[4] Reverberating, like Le Corbusier but in a different decorative register, in response to the Dutch De Stijl group, Mallet-Stevens really did provide a prototype for the modern street based both on discontinuity and on the geometric affinities of the constituent houses. It remains a rare example of the application on the scale of a whole housing development of a vocabulary more commonly restricted to isolated objects in inter-war Paris.

J.-L.C.

1. Rob Mallet-Stevens, in Guillaume Jeanneau, *Formes nouvelles et programmes nouveaux*, Paris, Bernheim Jeune, 1925, p. 23.
2. Léon Moussinac, *Mallet-Stevens*, Paris, G. Crès & Cie, 1931, p. 13.
3. Marie-Annick Maupu, "La Rue Mallet-Stevens", in Jean-François Pinchon, *Rob Mallet-Stevens-architecture, mobilier, décoration*, Paris, Action Artistique de Paris, 1986, pp. 43-47. See also *Rob Mallet-Stevens architecte*, Brussels, Archives d'Architecture Moderne, 1980 [with parallel texts in English and French].
4. Rob Mallet-Stevens, in *Le Bulletin de la vie artistique*, No. 23, 1 December 1924, pp. 532-534.

Ensemble d'hôtels particuliers

Rue Mallet-Stevens

Interrogé en 1925 sur l'avenir de l'habitation, Rob Mallet-Stevens (1886-1945) affirme que « rationnel, le logis de demain sera commode, sain, clair, parce que là sont ses véritables devoirs » et que l'« on construira simple et net, les édifices conviendront à leur destination, n'étant plus astreints au pastiche[1] ». Deux ans après la villa Seurat d'André Lurçat, premier ensemble d'habitations modernes construit à Paris, il met en œuvre ces idées avec un ensemble d'hôtels particuliers portant d'emblée, fait rarissime, le nom de leur architecte. Sur ce terrain voisin de la villa La Roche, les emprises foncières sont plus amples et les moyens des propriétaires plus confortables autorisent un jeu spatial d'une complexité plus affirmée, dans lequel les critiques voient la démonstration de ce « que le reproche de monotonie qu'on ne cessait d'adresser aux constructions nouvelles est inexistant [et] qu'on peut – sans rien sacrifier aux exigences particulières du plan – jouer des volumes dans l'espace et même donner un pittoresque à l'ensemble[2] ».

Parmi les cinq constructions initiales, la résidence de Mallet-Stevens, qui ouvre la rue et s'articule à un immeuble haut parallèle à la voie, se compose d'un volume vertical contenant les deux niveaux du séjour et une terrasse basse sous laquelle se trouvait l'agence de l'architecte. À cette première maison s'adossent l'atelier et les habitations à niveaux décalés des sculpteurs Jan et Joël Martel, dont le plan en L est plus compact. Leurs pièces sont groupées autour du cylindre vertical de l'escalier, qui fait figure de colonne vertébrale creuse et conduit à un belvédère, coiffé d'une sorte de casquette circulaire. À ces maisons s'ajoutent, dans la profondeur de la rue, les hôtels particuliers de Daniel Dreyfus et du cinéaste Allatini, comprenant une salle de projection de 150 places et l'immense duplex de la pianiste Reifenberg[3].

Au-dessus des rez-de-chaussée affectés au travail des artistes ou aux automobiles, se développent des espaces d'habitation ouverts, prolongés par des terrasses accessibles du haut desquelles le panorama des volumes cubiques peut être découvert. De très nombreux artistes et artisans, comme le verrier Louis Barillet ou le jeune ferronnier Jean Prouvé, réalisent de manière coordonnée les détails de l'ensemble, tandis que le chantier de la rue est supervisé par l'architecte persan, formé à Vienne, Gabriel Guévrékian.

Conjuguant le luxe des intérieurs qu'il conçoit lui-même ou qu'il confie à Francis Jourdain ou Pierre Chareau et une volumétrie associant « surfaces unies, arêtes vives, courbes nettes, matières polies, angles droits », Mallet-Stevens annonce que « l'architecture moderne peut être autre chose qu'un bloc compact fait de pierres et de bois ». Il entrevoit ainsi « la maison logique et géométrique de demain[4] ». Comme Le Corbusier, mais avec une démarche plus décorative, Mallet-Stevens propose en définitive, en écho aux recherches des Néerlandais du groupe de Stijl, un prototype de rue moderne fondée sur la discontinuité, mais aussi sur les affinités géométriques des maisons la constituant, qui reste un témoignage rare de l'usage pour un ensemble d'un langage le plus souvent limité, dans le Paris de l'entre-deux-guerres, à des objets isolés.

J.-L. C.

1. Rob Mallet-Stevens, *in* Guillaume Jeanneau, *Formes nouvelles et programmes nouveaux*, Paris, Bernheim Jeune, 1925, p. 23.
2. Léon Moussinac, *Mallet-Stevens*, Paris, G. Crès & Cie, 1931, p. 13.
3. Marie-Annick Maupu, « La Rue Mallet-Stevens », *in* Jean-François Pinchon, *Rob Mallet-Stevens architecture, mobilier, décoration*, Paris, Action Artistique de Paris, 1986, pp. 43-47. Voir aussi *Rob Mallet-Stevens architecte*, Bruxelles, Archives d'architecture moderne, 1980.
4. Rob Mallet-Stevens, *in Le Bulletin de la vie artistique*, n° 23, 1er décembre 1924, pp. 532-534.

Rob Mallet-Stevens

Rue du Docteur-Blanche, Paris XVIe

1927

Départ de l'escalier de la maison Mallet-Stevens / *Foot of staircase, Mallet-Stevens house.*

Couronnement du cylindre de l'escalier de la maison des frères Martel / *Staircase cylinder crowning, Martel house.*

Pages suivantes / *following pages:*

Maison de Rob Mallet-Stevens et angle de la rue du Docteur-Blanche / *Rob Mallet-Stevens house, from crossroads of Rue Mallet-Stevens and Rue du Docteur-Blanche.*

RUE
MALLET-STEVENS

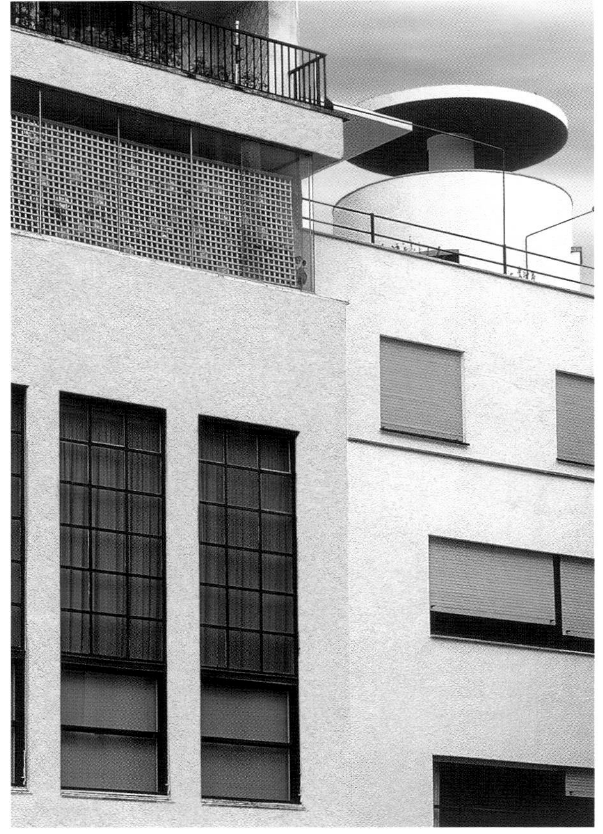

Détail de la façade des maisons Mallet-Stevens et Martel / *Frontage detail, Mallet-Stevens and Martel houses.*

Entrée de la maison Mallet-Stevens / *Main entrance, Mallet-Stevens house.*

Hall d'entrée et escalier de la maison Mallet-Stevens / *Entrance hall and staircase, Mallet-Stevens house.*

Pages précédentes / *previous pages:*

La maison et l'atelier des frères Martel / *Martels brothers' house and studio.*

Maison Martel : escalier ; grille de la porte par Jean Prouvé /
Martel house : staircase ; door grille by Jean Prouvé.

Atelier-salon de la maison Martel / *Studio-living room, Martel house.*

Formerly Museum of the Colonies

Located within the belt of inter-war low-cost housing *(Habitations à Bon Marché)* built on the sites of former bastions in the ring of fortifications which had been demilitarised since 1919, *the musée des Colonies*, as it was initially named, is the last vestige of the Colonial Exhibition held in Paris in 1931.[1] The monumental neutrality of the Museum, albeit not devoid of splashes of decoration, contrasted with the eminently eclectic character of the Exhibition for which a different national "style" was adopted for each of the pavilions.
Three architects were involved with the design of the Museum: Albert Laprade (1885-1978) who had long been engaged in French colonial work in Morocco, and his associate, Léon Bazin, with Léon Jaussely (1875-1932) a former winner of the *Grand Prix de Rome* who had done pioneering work as an urban designer before 1914. In 1921-1927, Jaussely had been architectural director for the Colonial Exhibition planned by Marshal Lyautey to popularise French imperialist endeavours. Jaussely's initial designs, which had a markedly "Algerian-Tunisian" or syncretic North-African flavour, were eventually abandoned in favour of a more neutral style – the only one, in the eyes of the organisers, which could be truly "national."

Laprade, who had worked in Morocco when Lyautey was resident Commissary General there, eventually made up his mind to create a kind of "great stone tapestry." The order used for the colonnade is somewhat at odds with the vast wall-carving by Alfred Janniot depicting symbols and images evoking French colonialism. In keeping with Indo-Khmer bas-reliefs, there are no gaps or breaks in the composition, which stretches the frame to its limits. Following a geographical arrangement, it depicts French ports connected with the colonies and various colonial products in a manner something like the decorative sculpture of Imperial Rome.

This somewhat naïve and highly manipulative kaleidescope of the cultures forming part of – and sometimes suffocated by – a French colonial empire which had expanded to its maximum extent in 1918 was developed inside the Museum by means of exhibits and wall decorations. In a large hall above the Vivarium tucked away in the basement from whence animal smells still pervade the building, French colonial life was represented in scenes painted by Pierre Ducos de la Haille: colonials spreading the bounteous influence of France, farmers in the colonies taking their goods to market and stevedores unloading ships in French ports which bristle with new skyscrapers reminiscent of North America.

If the entrance front and its projecting portico still present a kind of gilded mirror reflecting the greyness of Paris, more inviting reception and exhibition spaces open up beyond it. The two *salons* still named after Marshal Lyautey and Paul Reynaud (the then Minister for the Colonies) have a more cosseted ambience, which derives from the successful conjunction of colonial materials – rare woods, ivory, bronze, textiles – with Art Déco patterns in the furniture and fittings designed by Eugène Printz and Émile-Jacques Ruhlmann. J.-L. C.

1. Patricia Morton, *Hybrid Modernities: Architecture and Representation at the 1931 Colonial Exhibition, Paris*, Cambridge Massachusetts, The MIT Press, 2000.

Ancien musée des Colonies

Musée des Arts africains et océaniens

Glissé à l'intérieur de la ceinture des habitations à bon marché construites sur les bastions des fortifications déclassées à partir de 1919, le musée des Colonies est le dernier vestige de l'Exposition coloniale organisée à Paris en 1931[1]. À l'ordre éminemment éclectique de l'Exposition, dans laquelle chaque pavillon utilisait un « style » national particulier, le musée oppose une neutralité monumentale, qui n'exclura pas les élans décoratifs.

Il est issu de la collaboration d'Albert Laprade (1885-1978), architecte engagé dans l'expérience coloniale française au Maroc, de son associé Léon Bazin et de Léon Jaussely (1875-1932), Grand Prix de Rome et pionnier de l'art urbain avant 1914. Jaussely avait été, de 1921 à 1927, le directeur de l'architecture pour l'exposition coloniale projetée par Lyautey afin de populariser les entreprises impériales de la France. Ses premiers projets étaient empreints d'un style « algéro-tunisien » ou nord-africain syncrétique écarté en définitive au bénéfice d'une écriture plus neutre, seule susceptible aux yeux des organisateurs d'être véritablement « nationale ».

Architecte actif au Maroc sous l'autorité de Lyautey, Laprade se propose de créer une « grande tapisserie de pierre ». L'ordre de la colonnade s'oppose à la fresque monumentale sculptée par Alfred Janniot sur le mur de façade, où les emblèmes et les images de la colonisation française sont rassemblés. Fidèle au principe des bas-reliefs indo-khmers, cette composition ne connaît ni vides ni ruptures et tend son cadre à l'extrême. Sur la base d'un découpage géographique, elle évoque à la fois les ports français en liaison avec les colonies et les diverses productions de celles-ci, à l'image d'un décor sculpté de la Rome impériale.

Ce kaléidoscope, un peu naïf et très manipulateur des cultures recensées – et parfois étouffées – dans un empire français qui a atteint sa plus grande extension en 1918, se développe dans les expositions et sur les murs du musée. Au-dessus du vivarium enfoui dans le sous-sol et dont les effluves animales filtrent dans le bâtiment, une grande salle propose des scènes de la vie coloniale. Par la grâce du pinceau de Pierre Ducos de la Haille, les colons déversent les bienfaits de la France, les agriculteurs apportent leurs produits sur les marchés, tandis que les dockers déchargent les navires dans les ports de la métropole où poussent des gratte-ciel à l'allure nord-américaine.

Le bâtiment développe cependant, à l'abri de son haut portique, des espaces de réception et d'exposition plus chaleureux que sa façade, qui reste aujourd'hui un miroir orné reflétant la grisaille parisienne. Les ambiances plus feutrées des deux salons, dédiés désormais au maréchal Lyautey et à Paul Reynaud, résultent d'une hybridation réussie des matériaux coloniaux – bois rares, ivoire, bronze, textiles – et des formes des meubles Art Déco d'Eugène Printz et d'Émile-Jacques Ruhlmann. J.-L. C.

1. Patricia Morton, *Hybrid Modernities: Architecture and Representation at the 1931 Colonial Exhibition, Paris*, Cambridge, Mass., MIT Press, 2000.

Albert Laprade
Léon Jaussely
Léon Bazin

293, avenue Daumesnil, Paris XIIe
1931

Sculpture d'Alfred Janniot, détail / *Sculpture by Alfred Janniot, detail.*
Sculpture d'Alfred Janniot, détail / *Sculpture by Alfred Janniot, detail.*

Le musée et l'avenue Daumesnil / *Main entrance front, from Avenue Daumesnil.*

Le portique et la sculpture d'Alfred Janniot / *Entrance portico, with sculpture by Alfred Janniot.*

Hall central / *Main entrance hall.*

Salle des fêtes et fresque de Pierre Ducos de la Haille / Salle des fêtes, *with fresco by Pierre Ducos de la Haille.*

Détail de la grande salle / Salle des fêtes, *corner detail.*

Bureau de Paul Reynaud, décoration d'Eugène Printz / *Paul Reynaud's office, with furniture by Eugene Printz.*

Bureau du maréchal Lyautey, décoration d'Émile-Jacques Ruhlmann / *Marshal Lyautey's office, with furniture by Emile-Jacques Ruhlmann.*

Private house

Being completely hidden at the back of a courtyard in the neighbourhood of Saint-Germain-des-Près, the residential accommodation and medical consulting rooms built to designs by Pierre Chareau (1883-1950) and the Dutch architect Bernard Bijvoet (1889-1979) for the gynaecologist Jean Dalsace and his wife Annie Bernheim cannot be said to have contributed to the reshaping of Parisian urban form. Nevertheless, it does represent a key experiment so far as the transformation of domestic architecture in Paris is concerned; indeed, some elements of the building are still making an impact today.

A technical feat, because built beneath the retained top storey of an existing town house to replace the lower storeys situated between a paved courtyard and a backland garden, the *Maison de verre* is both protected and lit by two skins of glass bricks set in a steel frame which also provides support for the floors. Although standardised, some metalwork elements and numerous details of the retractable staircases, guard-rails and sliding partitions were not mass-produced ready-mades but specials, designed and made in collaboration with the blacksmith Louis Dalbet, to whom much freedom of interpretation was given.[1]

By 1928, numerous suites of steel furniture and fittings had been executed to Chareau's designs, but only the *Maison de verre* gave him the opportunity to apply the refinement of his forms to a residence of a highly particular kind: the gleaming enamelled and metallic world of medical consulting rooms, situated at courtyard level, which glides into the residential part of the house, while furniture of wood and leather adds warmth to the light diffused through the elevational glass. A setting for a collection of modern art and artefacts, the *Maison de verre* was also a test-bed where all the technical services, from the plumbing to the electrical wiring, contributed to the masterly presentation of a calm, flexible and efficient architecture.

The range of materials used were completely new in the field of housing, from the white rubber Pirelli floor tiles to the perforated metal sheeting, and of course, the glass bricks which Saint Gobain refused to guarantee. All these elements were deployed to create a sense of freedom and refinement for exceptional clients by an architect well aware of the implications:

"Men require to be able to isolate themselves, but also to be able to meet conveniently and to move about freely. Provision can be made for all this in their homes, by a redistribution of spaces and the appropriate use of the techniques available today. Whether or not translucent façades are employed, the same problem is still raised. The house and urban planning are functions of time and of human scale. All contemporary architectural solutions will be designed by taking these essential relationships into account."[2]

Fascinating because of the transparencies and screens which generate an infinite range of ambiences, the *Maison de verre* can become by turn a Chinese lantern – at night – and a setting for medical intimacy and refined social life – during the day. It demonstrates, too, just how much the use of glass and metal alone does not of itself guarantee spatial and sensual complexity, for the elegance and refinement achieved by Chareau in the design of fixed elements and the range of moveable partitions and cupboards remains unique in European architecture. As such, in the context of modern Parisian architecture of the 1920s and 1930s, the *Maison de verre* also represents the only coherent aesthetic alternative to Le Corbusier's white villas, rivalling their white, smooth cubes with the intricacies of its steelwork. J.-L. C.

1. Marc Vellay and Kenneth Frampton, *Pierre Chareau, architecte-meublier*, Paris, Éditions du Regard, 1984, pp. 239 et seq. See also Brian Brace Taylor, *Pierre Chareau: Designer and Architect, Cologne*, Benedikt Taschen, 1992; and Olivier Cinqualbre [editor], *Pierre Chareau, architecte, un art intérieur*, Paris, Centre Georges Pompidou, 1994 [exhibition catalogue].
2. "La Maison de verre de Pierre Chareau commentée par lui-même," *Le Point*, May 1937, pp. 51-55.

Hôtel particulier

La Maison de verre

Loin de contribuer à refonder la forme urbaine parisienne, puisqu'ils sont complètement cachés au fond d'une cour de Saint-Germain-des-Prés, l'hôtel particulier et le cabinet médical, construits par Pierre Chareau (1883-1950) et l'architecte néerlandais Bernard Bijvoet (1889-1979) pour le gynécologue Jean Dalsace et son épouse Annie Bernheim, sont pourtant un extraordinaire laboratoire dans la transformation de l'architecture domestique de Paris, dont les dispositifs n'ont cessé d'exercer leur effet jusqu'à ce jour.

Prouesse technique, car elle est construite sous les combles préservés d'un immeuble dont les étages inférieurs ont été détruits, située entre une cour pavée et un jardin de cœur d'îlot, la Maison de verre est à la fois protégée et éclairée par deux parois de pavés translucides, enchâssés dans l'ossature d'acier qui soutient également les planchers. Bien que standardisés, les éléments métalliques et les nombreux détails d'escaliers escamotables, de garde-corps ou de cloisons mobiles ne sont pas des éléments industriels préexistants, mais bien plutôt des objets uniques élaborés en collaboration avec le forgeron Louis Dalbet auquel une grande latitude d'interprétation est laissée[1].

Chareau avait réalisé nombre d'ensembles mobiliers en acier avant 1928 mais seule la Maison de verre lui permet de déployer le raffinement de ses formes à une demeure très particulière : l'univers émaillé et métallique du cabinet médical situé au niveau de la cour se glisse dans la partie résidentielle de la maison, pendant que les meubles de bois et de cuir réchauffent la lumière diffusée par les façades. Écrin pour une collection d'art et d'objets modernes, la Maison de verre est aussi un banc d'essai pour une architecture de calme et de mobilité efficace, dans laquelle tous les systèmes techniques, des tuyaux aux câbles électriques, participent d'une savante mise en scène. Elle déploie une palette de matériaux totalement inédits dans le champ de l'habitation, du sol en caoutchouc Pirelli blanc aux tôles perforées, en passant évidemment par les briques de verre auxquelles Saint-Gobain se gardera bien de donner sa garantie. Tous ces dispositifs sont mis au service de la liberté et de la délicatesse d'habitants d'exception par un architecte conscient du jeu qu'il suggère.

« Les hommes demandent à pouvoir s'isoler, mais aussi à pouvoir se grouper commodément et se déplacer aisément. Par un regroupement des espaces et l'emploi de techniques appropriées mises aujourd'hui à notre disposition, tout ceci peut leur être donné dans leur maison. Que l'on emploie ou non des façades translucides, le problème n'en est pas moins posé. La maison, l'urbanisme, sont fonction du temps et de l'échelle humaine. Toutes les solutions architecturales contemporaines seront créées en tenant compte de ces rapports essentiels[2] ».

Fascinante par ses transparences et ses écrans, qui engendrent une gamme infinie d'ambiances, la Maison de verre sait être tour à tour lanterne chinoise (la nuit) et théâtre pour la pratique d'une médecine intime et d'une sociabilité raffinée (le jour). Elle confirme combien l'utilisation du métal et du verre ne saurait, à elle seule, garantir la complexité spatiale ou le sens. L'élégance et le raffinement dont Chareau fait preuve dans la conception des éléments fixes et dans la gamme des cloisonnements ou des rangements mobiles restent uniques dans la production européenne. À ce titre, la Maison de verre représente aussi, dans l'architecture moderne parisienne des années 20 et 30, la seule alternative esthétique cohérente aux villas blanches de Le Corbusier, opposant aux cubes blancs et lisses de celles-ci ses réseaux métalliques. J.-L. C.

1. Marc Vellay, Kenneth Frampton, *Pierre Chareau, architecte-meublier*, Paris, Éditions du Regard, 1984, p. 239 et suiv. Voir aussi Brian Brace Taylor, *Pierre Chareau : Designer and Architect*, Cologne, Benedikt Taschen, 1992 ; Olivier Cinqualbre (dir.), *Pierre Chareau, architecte, un art intérieur*, Paris, centre Georges Pompidou, 1994 (cat. d'expo.).
2. « La Maison de verre de Pierre Chareau commentée par lui-même », *Le Point*, mai 1937, pp. 51-55.

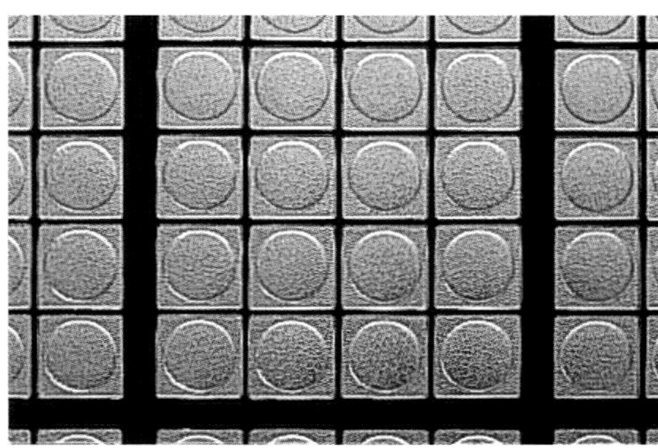

Pierre Chareau
Bernard Bijvoet
31, rue Saint-Guillaume, Paris VIIe
1932

Escalier et cloison en verre / *Staircase and glass partition.*

Panneau de briques de verre Nevada / *Panel composed of "Nevada" glass bricks.*

La maison et la cour de jour / *House and courtyard by day.*

La maison et la cour de nuit / *House and courtyard by night.*

Grand salon à double hauteur et pan de verre sur cour / *Double-height living room with glazing giving onto courtyard.*

Couloir conduisant au cabinet du docteur Dalsace et pan de verre sur jardin / *Corridor leading to Doctor Dalsace's consulting room with glazing giving onto garden.*

Salon et mezzanine / *Living room and mezzanine.*

Cabinet du docteur Dalsace, pan de verre et fenêtre sur jardin / *Doctor Dalsace's consulting room with glazing giving onto garden.*

Salle de bains principale et armoires pivotantes / *Master bathroom, showing swivelling cupboards.*

Salle de bains de la chambre de la fille du docteur Dalsace / *Bathroom in daughter's bedroom.*

Apartment building

After the conventional apartment blocks built at the start of the 20th century by the Perret brothers' firm and their brilliant success with the one in Rue Franklin, the elevational treatment of this building dominating Paris from the brow of the Chaillot hill was enlivened on the upper storeys by projections and recessions providing roof-terraces and balconies. Whether brushed, washed, polished or hammered, the varied surface treatment of the reinforced concrete was combined with devices already deployed at the end of the 19th century to enliven elevations while also using window openings to express the rooms inside.

Perret thus showed his commitment to the Rationalist injunction that the design of elevational openings should reflect the functional differentiation of the rooms. At most floor levels, living rooms are generously lit by bow windows which resemble the bridge at the prow of a ship floating above Passy. Yet these comprise only one of the elements in the extensive provision of reception space, which occupies over half the area of each apartment and is composed not only of the hall, *petit salon* and *boudoir*, but also includes the dining room and cloakroom. The wide doorway in the bedroom adjoining the living room indicates that it, too, could be incorporated into the reception space for parties.[1]

This arrangement based on ceremony and reception was in keeping with an ideal cherished by the Parisian *bourgeoisie* who, since the end of the 19th century, had aspired to live in large apartments like these where they could stage brilliant receptions in open, fluid spaces giving a multiplicity of vistas while also providing secluded corners suitable for more intimate encounters. What is more, these apartments were equipped with "modern comforts": all bedrooms gave onto a spacious bathroom; healthy, hygienic sunlight flooded into these well-lit rooms and the principal bedrooms all had at least two windows. The grouping of the kitchen, pantry and dining room was also part and parcel of the life-style residents expected in this luxury block, based on the presence of servants who entered apartments from the service entrance. All of this was in keeping with the principles which had been observed for decades by the architects who orchestrated the lives of the upper classes.

Perret had more freedom to adapt the interior arrangements to suit his own tastes in his own residence, which occupied the seventh floor. Here, the apartment was completely open, partitions being implied only by symbols of separation: columns, different floor coverings and the like. As so subdivided into three principal areas, the space was visible from end to end, free of any obstacles other than the services, which were still hidden from view.

The modernity of this building is to be found mainly in the mode of construction and plastic expression. The difficult site dictated the use of a single row of reinforced concrete columns in the lower storeys, a row which branches out into a system of columns which are increasingly widely spaced within the apartments. This principal frame is, moreover, handled with great preciosity by Perret: beams and columns are linked by slender gilded brass rings, while timber panels act as a foil to the concrete – a material still considered vulgar and prosaic by those living in the wealthy districts of Paris. M. E.

1. "Perret," *L'Architecture d'aujourd'hui*, October 1932, pp. 102-113; Maurice Culot, David Peyceré, Gilles Ragot [editors], *Les Frères Perret, l'œuvre complète*, Paris, Institut Français d'Architecture/Norma, 2000, pp. 192-195.

Immeuble d'habitation

Rue Raynouard

Auguste Perret

51-55, rue Raynouard, Paris XVIe

1932

Angle du bâtiment et alignement sur la rue Berton / *Prow of building and Rue Berton frontage.*

Entrée principale, rue Raynouard / *Main entrance, Rue Raynouard.*

Après les immeubles traditionnels édifiés au début du siècle par la firme des frères Perret et le coup d'éclat de la rue Franklin, cet édifice surplombant Paris depuis le rebord de la colline de Chaillot propose une façade animée par des saillies et des retraits aux derniers niveaux permettant aux habitants de jouir des terrasses et des balcons. Le traitement de surface du béton armé, selon les cas brossé, lavé, poli ou bouchardé, se combine avec les moyens déjà utilisés à la fin du XIXe siècle pour animer la façade et qualifier, dans le même temps, les pièces par leur ouverture.

Perret montre ainsi son attachement à l'injonction rationaliste de concevoir les ouvertures différenciées des pièces sur la façade en fonction de l'affectation. À l'étage courant, le salon largement éclairé par un *bow-window* évoque la passerelle d'un navire flottant au-dessus de Passy, mais n'est qu'un des éléments du vaste dispositif de réception, qui occupe plus de la moitié de la surface de l'appartement et est constitué par le hall, le petit salon et le boudoir mais aussi la salle à manger et le vestiaire. La grande ouverture de la chambre contiguë au salon montre qu'elle peut lui être annexée les soirs de fête[1].

Cette organisation centrée sur l'apparat et la réception correspond à l'idéal de la bourgeoisie parisienne qui, depuis la fin du XIXe siècle, aspire à habiter ces grands appartements permettant les fêtes brillantes grâce aux espaces de réception ouverts et fluides où les points de vues sont multipliés mais aussi les coins propices aux rencontres plus intimes. Ils sont de plus pourvus du « confort moderne » et toutes les chambres ouvrent sur une salle de bains spacieuse. Le soleil, garant de l'hygiène et de la santé, entre à flots dans ces pièces très bien éclairées, les pièces principales bénéficiant toutes d'au moins deux fenêtres. L'ensemble cuisine-office-salle à manger fait aussi partie de la conception de l'art de vivre des habitants de cet immeuble de luxe qui implique la présence de domestiques. Ils pénètrent dans l'appartement par l'entrée de service. Tous ces principes sont, depuis des décennies, ceux qu'observent les architectes qui organisent la vie des grands bourgeois.

Perret, dont la résidence occupe le septième étage de l'immeuble, prend plus de liberté chez lui avec le dispositif intérieur adapté à ses goûts. L'appartement s'ouvre complètement, les cloisons disparaissent, remplacées par de simples symboles de séparation (piliers, différences de traitement des sols…) et l'espace, dissocié en trois grandes parties, peut être perçu d'un bout à l'autre, sans obstacle, sauf du côté des pièces de service qui continuent à être protégées de la vue.

La modernité de ce bâtiment est plutôt à chercher dans son mode constructif et dans son expression plastique. Sa situation délicate impose l'utilisation d'une seule file de piliers en béton armé dans les niveaux inférieurs, file qui se dédouble de façon arborescente en un réseau de colonnes d'écartement croissant à l'intérieur des appartements. Cette ossature principale est traitée avec une grande préciosité par Perret : les poutres et les colonnes sont raccordées par de fins anneaux de bronze dorés, tandis que les panneaux de bois fournissent un écrin au béton, matériau encore considéré par le public des beaux quartiers comme vil et prosaïque. M. E.

1. «Perret», *L'Architecture d'aujourd'hui*, octobre 1932, pp. 102-113 ; Maurice Culot, David Peyceré, Gilles Ragot (dir.), *Les Frères Perret, l'œuvre complète*, Paris, Norma/Institut français d'architecture, 2000, pp. 192-195.

L'immeuble principal et l'annexe, vus de la rue Berton / *Main building and annexe, from Rue Berton.*

L'immeuble principal et l'annexe, vus de la rue Raynouard / *Main building and annexe, from Rue Raynouard.*

Pages suivantes / *following pages:*
Appartement d'Auguste Perret : le hall axial, la chambre, à gauche, et la salle à manger, à droite / *Auguste Perret's apartment: axial entrance hall, bedroom [left] and dining room [right].*

DUO-COPY

Un côté du salon, dans l'enfilade, la chambre et la salle de bains / *Part of living room, with bedroom and bathroom beyond.*

Salle de bains octogonale / *Octagonal bathroom.*

Salvation Army Hostel

The Rue Cantagrel project was the largest Le Corbusier built before 1939, other than the Centrosoyus in Moscow. The two projects were designed in parallel, using advanced and still largely experimental environmental control techniques. He and his cousin, Pierre Jeanneret (1896-1967), with whom he was then in partnership, received the commission for a *Cité de Refuge* to house five to six hundred vagrants[1] thanks to a major fund-raising campaign attracting over twenty thousand donations and, above all, generous sponsorship from the project's patron, Princess Winaretta Polignac-Singer. The two architects' previous experience in this kind of work included the People's Palace built at the Rue des Cordelières in 1926-1927 and, notably, the conversion of a concrete barge for use as a dormitory – the "floating asylum" moored in 1929-1930 at Pont d'Austerlitz, where it still is.

The *Cité de Refuge* was hermetically sealed and equipped with a system of "exact breathing" – eight separate circuits of ducted air, installed to ventilate and heat corridors, dormitories and bedrooms "hygienically." The lack of any refrigeration to cool the air during the summer and the impossibility of opening any of the fixed glazing in the south-facing elevation rapidly revealed the deficiencies of this technical device which was deemed a failure; early in 1930, it sparked off a series of legal proceedings initiated on behalf of the Salvation Army and the building users. Le Corbusier reacted vigorously: "The *Cité de Refuge* is not a fantasy, the *Cité de Refuge* is a proof. You might tell me it is negative proof. To that, my response is an observation shown to be true a thousand times over: those who are closely involved become overwrought and, in discussion, they constantly confuse their psychological reactions with their physiological reactions. They do not really know what they are talking about; they get a bee in their bonnet, an obsession which is the root cause of all their protests. As for us, we have a duty not to pay any attention to such things, but to pursue our positive, scientific research with a cool head."[2]

Convinced that technology represented the "very basis of lyricism," Le Corbusier used it both in response to specific requirements, as here to treat the air inside the building, and as a repertoire of ideas and forms. Indeed, the interest of this building is by no means confined to the difficulties associated with technical malfunction, for Le Corbusier's fascination with the ocean liner, so memorably illustrated in the pages of *Vers une Architecture* in 1923, is here translated into built form. It is expressed in the arrangement of the principal rooms at ground level, which reproduces that of a liner's saloons, and also in the vertical superimposition of the upper storeys in the form of "decks," which endow the building with an unquestionably naval outline. The relentless alignment of cabins in a liner is suggested, too, by the dormitory arrangements repeated at each floor level. Twenty years after it was built, sun-screens *(brise-soleil)* were added to the entrance front, which had been destroyed by aerial bombing towards the end of the Second World War. Le Corbusier and Pierre Jeanneret collaborated on these modifications, although their architectural partnership had by then been dissolved.

J.-L. C.

1. On this building, see Brian Brace Taylor, *Le Corbusier: La Cité de Refuge*, Paris 1929-1933, Paris, L'Équerre, 1981 [English-language edition: *Le Corbusier, The City of Refuge*, Paris 1929/33, Chicago and London, The University of Chicago Press, 1987].
2. Le Corbusier, letter to the Princess de Polignac, 4 December 1934, Le Corbusier Foundation Archives, Paris.

Foyer de l'Armée du Salut

La Cité de refuge

Le bâtiment de la rue Cantagrel est le plus grand édifice construit par Le Corbusier avant 1939, si l'on excepte le *Centrosoyouz* de Moscou. Élaboré parallèlement à celui-ci, il met en œuvre des techniques avancées de contrôle de l'environnement, alors largement expérimentales. Grâce à une vaste collecte parmi plus de vingt mille donateurs et surtout à la générosité de la princesse Winaretta Polignac-Singer, « marraine » du projet, Le Corbusier et son associé et cousin Pierre Jeanneret (1896-1967) se voient confier, en 1929, la commande d'une Cité de refuge, destinée à héberger de 500 à 600 vagabonds[1]. Ce projet prolonge les réalisations antérieures des architectes, telles que le « Palais du peuple » construit rue des Cordelières en 1926-1927 et surtout l'« asile flottant », péniche de béton réaménagée par eux en dortoir et amarrée au pont d'Austerlitz en 1929-1930 (où elle est toujours ancrée).

Hermétique, le bâtiment est équipé d'un procédé de « respiration exacte » basé sur un système de gaines censé aérer et chauffer, de façon « hygiénique », par huit circuits indépendants les couloirs, les dortoirs et les chambres individuelles. L'absence de tout dispositif de réfrigération en été et l'impossibilité d'ouvrir les vitrages fixes de la façade sud condamnent très vite à l'échec le parti technique incomplet et provoque, dès le début des années 30, une série de litiges avec la hiérarchie de l'Armée du Salut et les usagers, face auxquels Le Corbusier réagira avec vigueur.

« La Cité de refuge n'est pas une fantaisie ; la Cité de refuge est une preuve. Vous pourriez me dire que c'est une preuve négative. À cela je réponds par une constatation faite mille fois : c'est que les personnes intéressées s'agitent et discutent dans une confusion perpétuelle entre leurs réactions psychologiques et leurs réactions physiologiques. Elles ne savent à proprement pas de quoi elles parlent ; elles sont obsédées par des idées fixes et c'est cette obsession qui est la cause de leurs protestations. Nous, nous avons le devoir de n'en pas tenir compte et de poursuivre avec sérénité les recherches positives et scientifiques[2] ».

Convaincu que les techniques sont « l'assiette même du lyrisme », Le Corbusier les utilise à la fois pour répondre à des attentes précises – ici, le traitement de l'air dans le bâtiment – et comme un répertoire d'idées et de formes. Les difficultés de l'entreprise technique n'épuisent pas, en effet, l'intérêt d'un bâtiment où sa fascination pour l'architecture des paquebots, à laquelle il consacre des pages mémorables dans *Vers une architecture* en 1923, est mise en œuvre de plusieurs manières. Elle s'exprime dans l'articulation des grandes salles du rez-de-chaussée qui reproduit celle des salons des transatlantiques, mais aussi dans l'empilement vertical des « ponts » que figurent les étages et dans les superstructures donnant à l'édifice une silhouette incontestablement navale. À chaque étage, la répétition des dortoirs définit une distribution elle aussi proche de l'implacable alignement des cabines du paquebot. Vingt ans après sa construction, au sortir des bombardements de la Seconde Guerre mondiale, la façade, complètement ruinée, sera dotée d'un brise-soleil installé par Le Corbusier, avec la collaboration provisoirement retrouvée de Pierre Jeanneret, dont il est alors professionnellement séparé. J.-L. C.

1. Voir sur cet édifice Brian Brace Taylor, *Le Corbusier : la Cité de refuge, Paris 1929-1933*, Paris, L'Équerre, 1981.
2. Le Corbusier, lettre à la princesse de Polignac, 4 décembre 1934, archives de la Fondation Le Corbusier, Paris.

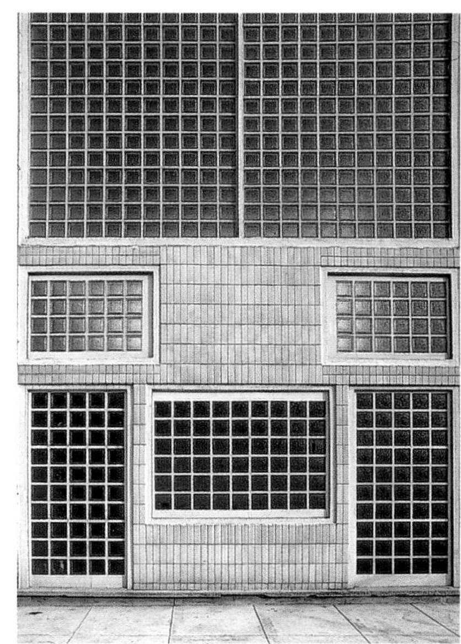

Le Corbusier
Pierre Jeanneret

12, rue Cantagrel, Paris XIIIe
1933

Cour anglaise, rue Cantagrel / *Sunken area, Rue Cantagrel frontage.*

Pan de verre et revêtement de façade, rue Cantagrel / *Glazing and cladding, Rue Cantagrel frontage.*

Pages suivantes / *following pages:*
Pavillon d'entrée, services communs et façade des dortoirs, rue Cantagrel / *Entrance pavilion, communal facilities and treatment of dormitories, Rue Cantagrel frontage.*

MAGASIN
DE
VENTE

Pavillon d'entrée et passerelle vers les services communs, rue Cantagrel / *Entrance pavilion and gangway leading to communal facilities, Rue Cantagrel frontage.*

Angle de la façade des dortoirs / *External treatment of dormitories, corner detail.*

DEFENSE
DE
FUMER

Réfectoire / *Refectory.*

Pavillon cylindrique de l'accueil / *Cylindrical reception area.*

Garden suburb

Development plans for the Paris region did not go ahead as anticipated in the inter-war period, as the ambitious projects for New Towns debated by the elected council of the Seine Department *(Conseil Général)* were not implemented. However, smaller scale undertakings for the Departmental Public Housing Office *(Office public d'habitations de la Seine)* proliferated under the direction of the Socialist mayor of Suresnes, Henri Sellier.

Like the neighbouring Plessis-Robinson garden suburb, the *Cité-jardin de la Butte Rouge* at Châtenay-Malabry derived from a much larger project for a *Cité-jardin du Grand Paris* by Joseph Bassompierre (1871-1950) and Paul de Rutté (1871-1943) which had won the 1919 competition for the Paris extension plan. In other words, part of a scheme designed on the scale of the whole Paris region was implemented belatedly, with the help of Paul Sirvin (1871-1977), at the behest of the Office and its director, Henri Sellier.

On the basis of the picturesque layouts of early garden suburb developments built in the early 1920s at Suresnes, Les Lilas and Genevilliers, the Office developed an increasingly functional and urban approach to architecture and town planning.[1] The Châtenay-Malabry project echoed housing developments undertaken after the First World War in Frankfurt and Amsterdam. But here, the quest for typical, standardised forms of building was associated with an ingenious use of topology and planting. The hierarchy of roadways and public squares, the placing of public facilities – notably schools and the layout of footpaths, endow the *cité* both with unity and variety while the detailing of entrances, base-plinths, canopies and pierced-work screens give each building a specific flavour of its own.

The earliest buildings (1929-1932), attached and indented, contained small dwellings for the lower middle class (notably salaried workers). Internal layouts varied, depending upon the location of the plumbing runs around which the kitchen, bathroom or wash-room and w.c. were grouped. The dining room, which doubled as a parlour, gave onto a bedroom. Hygiene and cleanliness were the key words here, for it should be stressed such arrangements were then unusual in housing for the working classes, where the provision of sanitary accommodation within dwellings was still a novelty. Until then, if such provision was made at all, it had been restricted to communal facilities at ground-floor level. In later phases, although the bathroom became a proper well-lit room and separate bedrooms were provided, a lower standard of materials and repetitious layouts were to predominate.[2]

The prevailing vertical emphasis of the housing was deemed essential to give an overall sense of civic unity. As Sellier put it, the intention was: "to erect towers at certain key points in the *cité*, to play the role in the overall balance of the composition that was formerly fulfilled by the church tower in villages or by the keep in castles."[3]

Brought to a halt in the wake of the 1929 Wall Street Crash, the works were restarted after the Second World War, when the development was extended across the hilltop in an more monotonous architectural vein. Only the curved building designed by Paul Sirvin, situated on the brow of the hill at the end of the main pedestrian route leading down to the central square, matches up to the earliest part of the *cité*, both in the quality of its design and in the generous recognition it accords to the importance of this pedestrian route forming part of the original layout.

J.-L. C.

1. Thierry Roze, "Les Cités-jardins de la Région Ile-de-France," *Les Cahiers de l'AURIF*, Vol. 51, May 1978.
2. François Laisney, "Quand les HLM étaient roses," *Architecture Mouvement Continuité*, No. 35, December 1974, pp. 79-105.
3. Henri Sellier, preface to *Réalisations de l'Office public d'habitation du département de la Seine*, Strasbourg, EDARI, 1933, p. 8.

Cité-jardin

La Butte rouge

L'aménagement de la région parisienne voit, dans l'entre-deux-guerres, l'échec des grands projets de villes nouvelles discutés au Conseil général de la Seine. En revanche, les interventions plus limitées de l'Office public d'habitations de la Seine, dirigé par le maire socialiste de Suresnes Henri Sellier, se multiplient.

Comme celle du Plessis-Robinson voisine, la cité de la Butte rouge à Châtenay-Malabry est directement issue du projet plus vaste pour une « cité-jardin du Grand Paris » de Joseph Bassompierre (1871-1950) et Paul de Rutté (1871-1943), lauréats du concours de 1919 pour le plan d'extension de Paris. Il s'agit donc de la réalisation partielle et tardive, avec l'aide de Paul Sirvin (1891-1977), d'un dessein à l'échelle de la région parisienne tout entière, en réponse à la demande de l'Office.

À partir des tracés pittoresques des premières cités réalisées au début des années 20 à Genevilliers, aux Lilas, ou à Suresnes, la production de l'Office évolue vers des solutions urbaines et architecturales d'un fonctionnalisme croissant [1]. Le projet de Châtenay-Malabry fait écho aux entreprises menées à Francfort ou à Amsterdam depuis la guerre. Mais la recherche de la répétition et de la standardisation est ici associée à une utilisation ingénieuse de la topographie et de la végétation. La hiérarchie des voies et des places, la disposition des équipements publics, notamment des écoles, le tracé des chemins piétonniers donnent à la cité unité et variété tout à la fois, tandis que les détails des entrées, les soubassements, les auvents ou les claustras apportent à chaque immeuble une saveur particulière.

Les premiers immeubles (1929-1932), accolés et décalés, abritent des petits logements pour une population de classe moyenne, notamment de petits employés, structurés de façon différentielle selon la position du « bloc » regroupant les pièces humides (cuisine, salle de bains ou laverie, w.-c.). La salle à manger, qui sert d'espace de réception, commande une chambre. Hygiène et salubrité sont ici les maîtres mots et il faut souligner l'existence, récente alors, à l'intérieur de logements destinés aux classes populaires, de dispositifs de propreté jusqu'alors inexistants ou situés au rez-de-chaussée des immeubles. Dans les tranches suivantes, même si la salle de bains devient une véritable pièce bien éclairée et si toutes les chambres sont indépendantes, la baisse de qualité des matériaux et la répétitivité des dispositifs intérieurs dominent [2].

L'élément vertical surplombant les habitations est essentiel pour donner à l'ensemble une unité civique, comme Sellier se plaît à l'évoquer lorsqu'il affirme l'intention d'« édifier à certains points marquants de la cité des tours pour jouer le rôle d'équilibre général qu'assurait autrefois dans le village le clocher de l'église, dans le château, son donjon [3] ».

Interrompu sous l'effet de la crise de 1929, le chantier sera repris après la Seconde Guerre mondiale et poursuivi sur le plateau avec une architecture plus monotone. Seul l'édifice incurvé de Paul Sirvin construit sur le rebord du plateau, en conclusion à un axe piéton descendant jusqu'à la place centrale, pourra se mesurer avec la première partie de la cité initiale, tant par sa qualité de dessin que par la généreuse accolade qu'il donne à l'axe piétonnier majeur. J.-L. C.

1. Thierry Roze, *Les Cités-jardins de la région Ile-de-France. Les Cahiers de l'Iaurif*, vol. 51, mai 1978.
2. François Laisney, « Quand les HLM étaient roses », *Architecture, mouvement, continuité*, n° 35, décembre 1974, pp. 79-105.
3. Henri Sellier, préface à *Réalisations de l'Office public d'habitations du département de la Seine*, Strasbourg, EDARI, 1933, p. 8.

Joseph Bassompierre
Paul de Rutté, Paul Sirvin

Châtenay-Malabry
Hauts-de-Seine
1934

Fragment de la cité, rues Albert-Thomas et Eugène-Varlin / *Part of garden suburb, bounded by Rue Albert-Thomas and Rue Eugène-Varlin.*

Entrée d'un immeuble / *Entrance to a residential building.*

Entrée de la cité et boulangerie, avenue de la Division-Leclerc / *Baker's shop at entrance to garden suburb, Avenue de la Division-Leclerc.*

Les bâtiments de la place François-Simiand / *Buildings bounding Place François-Simiand.*

P.L.A. FRANCOIS SIMIAND

Passage et abri, place François-Simiand / *Passageway and shelter, Place François-Simiand.*

La Cité vue depuis la place Jean-Baptiste-Corot / *Butte Rouge garden suburb, seen from Place Jean-Baptiste Corot.*

Entrées d'immeubles / *Entrances, residential buildings.*

La tour et l'alignement de la rue Paul-Lafargue / *Rue Paul-Lafargue frontage, with residential tower.*

Pages suivantes / *following pages:*

Barre courbe sur pilotis, place Henri-Sellier / *Curved residential building on* pilotis, *Place Henri-Sellier.*

2012LT94

Covered market and theatre

Designed from 1935 onwards for the Socialist Mayor of Clichy, Charles Auffray, by the architects Eugène Baudouin (1898-1983) and Marcel Lods (1891-1978), the aviation engineer Vladimir Bodiansky (1894-1966) and the Nancy-based specialist craftsman Jean Prouvé (1901-1983), the building was completed in 1939. Both its conception and its construction therefore clearly belong to the era of the Popular Front and the assertion of an united anti-fascist reaction against war. Yet for all that, the brief was not particularly innovative in bringing together cultural facilities and trades union accommodation – offices for workers' organisations, with a more lucrative element – the covered market. Facilities of the former two types had long been combined in the People's Palaces built from the end of the 19th century onwards, both in Belgium and in French towns near the Belgian border.[1]

At Clichy, the trades union accommodation was relegated to the rear of the building, whereas the entrance to the market and multi-purpose hall were exploited as features of the Boulevard frontage. The principal interest of the building, however, resides in the extensive, systematic and ingenious use of light-weight steel construction techniques. It is because of these that the *Maison du Peuple* occupies a unique position in the history of building in inter-war France.

Unlike earlier building projects by Beaudouin, Lods and Prouvé, these techniques were not used at Clichy simply to demonstrate the advantages of prefabrication and dry construction, as had been the case with the Buc Aéro-club building (1936), nor to illustrate the potential of steel, like *their Palais des Expositions* project for La Défense (1935). At Clichy, the conjunction of Bodiansky's refined mechanical devices and the pressed and folded steel components by Jean Prouvé, the former blacksmith who had developed a genius for manipulating sheet steel and aluminium, enable us to perceive the architectural machine as the first truely flexible multi-functional building in France. Indeed, it developed the notion that spatial solutions should be derived from usage by providing the means to alter internal volumes to cater for a changing schedule of requirements.[2]

The loadbearing structure of profiled steel girders was clad with Prouvé's light-weight modular panels, each consisting of thin outer skins of pressed sheet steel held apart with a spring, injected with insulation and pierced by railway carriage windows. A mechanism for rolling open the roof and motorised moveable floors allowed for numerous permutations of use : an open-air market with an upper gallery, an auditorium with an openable roof, and so on. This flexibility was further accentuated by moveable, sliding partitions providing for the upper floor to be sub-divided into spaces of variable capacity.

The authors of the *Maison du Peuple* wanted to avoid rigid, predetermined layouts, and they did not wish to seek technical solutions without a clearly defined specification. The whole building was thought out using methods, notions and forms previously confined to the world of motor cars and aeronautics. Having deteriorated through lack of maintenance, the building has been the subject of a programme of restoration since 1995. Great care has been taken to respect the original design but, as yet, the ground storey still lacks its original steel cladding and the chances of putting back the moveable floors remain remote.[3]

J.-L. C.

1. Jean-Louis Cohen, "Des Bourses du travail au temps des loisirs, les avatars de la sociabilité ouvrière, France 1914-1939," in Annick Brauman & Maurice Culot [editors], *Maisons du Peuple*, Brussels, Archives d'Architecture Moderne, 1984, pp. 159-184.
2. Bruno Reichlin, "Maison du Peuple in Clichy, ein Meisterwerk des 'synthetischen' Funktionalismus ?" *Daidalos*, No. 18, December 1985, pp. 88-89.
3. Bernard Toulier, *Architecture et patrimoine du XXe siècle en France*, Paris, Éditions du Patrimoine, 1999, pp. 284-287.

Maison du peuple

Étudié, à partir de 1935, pour le maire socialiste Charles Auffray par les architectes Eugène Beaudouin (1898-1983) et Marcel Lods (1891-1978), l'ingénieur d'aviation Vladimir Bodiansky (1894-1966) et le constructeur nancéien Jean Prouvé (1901-1983), le bâtiment est achevé en 1939. Tant sa conception que sa réalisation s'inscrivent donc clairement dans le cadre chronologique du Front populaire, de l'affirmation de l'unité d'action antifasciste à la guerre. Le programme n'est pas pour autant d'une nouveauté absolue dans son articulation d'une composante culturelle et associative – les bureaux des organisations ouvrières – et d'une composante commerciale plus rentable – le marché. Les Maisons du peuple, édifiées depuis la fin du XIXe siècle en Belgique et dans les villes françaises limitrophes, avaient initié la réflexion architecturale sur les dimensions culturelle et associative[1].

Dans le bâtiment de Clichy, la composante syndicale du programme est rejetée sur l'arrière, tandis que la façade sur le boulevard exploite les ouvertures du marché et de la salle de spectacles. L'intérêt essentiel du bâtiment réside dans l'utilisation conséquente et systématique autant qu'ingénieuse des techniques de construction métallique légère qui donne à la Maison du peuple sa place unique dans la production française de l'entre-deux-guerres.

Les techniques ne sont pas simplement utilisées pour faire de son chantier une démonstration des vertus de la préfabrication et du montage à sec, comme dans les chantiers antérieurs de Beaudouin, Lods et Prouvé et notamment le bâtiment de l'aéroclub de Buc (1936), ou du potentiel de l'acier, qu'illustre leur projet de Palais des expositions pour la défense (1935). La conjonction des dispositifs mécaniques raffinés de Bodiansky et des éléments métalliques emboutis ou pliés de Jean Prouvé, forgeron devenu manipulateur génial des tôles d'acier ou d'aluminium, permet de voir dans la machine architecturale de Clichy le premier bâtiment multifonctionnel véritablement transformable en France. Il prolonge, en effet, un principe de conception dans lequel les espaces suivent la variation des activités au cours de la journée ou de la semaine[2].

Autour d'une structure porteuse de grandes poutres en profilés d'acier, Prouvé dispose ses panneaux légers et modulaires, contenant un isolant injecté à l'intérieur de deux minces coques de métal, tendues par un ressort et percées d'une fenêtre de voiture de chemin de fer. L'effacement de la toiture, rendue coulissante par un système mécanique, et les planchers motorisés permettent de multiples combinaisons d'activités : marché à l'air libre entouré d'une galerie, spectacle à ciel ouvert, etc. Cette variété est encore accentuée par les cloisons mobiles à glissières autorisant le découpage du premier étage en salles de capacité différente.

Les auteurs de la Maison du peuple s'opposent à la fois aux distributions prédéfinies et rigides et à la recherche de solutions techniques sans horizon formel. La totalité de l'organisme construit est pensée avec des méthodes, des notions et des formes jusque-là réservées à l'univers de l'automobile ou de l'aéronautique. Détérioré par défaut d'entretien, le bâtiment fait l'objet depuis 1995 d'une campagne de restauration attentive à la restitution des solutions techniques initiales, mais qui n'a pas permis encore de retrouver la façade métallique du rez-de-chaussée et encore moins de rétablir les planchers amovibles[3].

J.-L. C

1. Jean-Louis Cohen, « Des Bourses du travail au temps des loisirs, les avatars de la sociabilité ouvrière, France 1914-1939 », *in* Annick Brauman, Maurice Culot (dir.), *Maisons du Peuple*, Bruxelles, Archives d'architecture moderne, 1984, pp. 159-184.
2. Bruno Reichlin, « Maison du Peuple in Clichy, ein Meisterwerk des "synthetischen" Funktionalismus ? », *Daidalos*, n° 18, décembre 1985, pp. 88-99.
3. Bernard Toulier, *Architecture et patrimoine du XXe siècle en France*, Paris, Éditions du Patrimoine, 1999, pp. 284-287.

Eugène Beaudouin
Marcel Lods, Jean Prouvé
Vladimir Bodiansky

Avenue du Général-Leclerc
Clichy-sur-Seine, Hauts-de-Seine
1939

Fragment de la façade de la Bourse du travail, rue Morillon / *Part of the labour union centre, Rue Morillon frontage.*

Fragment de la façade du théâtre, boulevard du Général-Leclerc / *Part of theatre frontage, Boulevard du Général-Leclerc.*

Pages suivantes / *following pages*:
La Maison du peuple et l'angle du boulevard du Général-Leclerc et de la rue Klock / *Part of theatre frontage, from Boulevard du Général-Leclerc and Rue Klock crossroads.*

A.N.P.E.
Maison du Peuple
Marché Lorraine

Salle du théâtre, au premier étage / *Theatre auditorium/multi-purpose space at first-floor level.*

Façade de la Bourse du travail, rue Morillon / *Labour union centre, frontage, from Rue Morillon.*

Housing development

Following his involvement with the *Maison du Peuple* at Clichy, Jean Prouvé pursued his research into metal construction techniques during the German Occupation of France, notably with the help of Pierre Jeanneret who had ceased working in partnership with Le Corbusier. This research was principally concerned with the design and construction of demountable houses suitable for military or colonial purposes. It was to lead to the creation of the Ateliers de Maxéville, near Nancy, where Prouvé produced prototype light-weight metal building components and furniture from 1945 until 1953, when the daily grind combined with outside pressures rooted in professional jealousy and the profit motive, caused him to close this outstanding experimental workshop.[1]

French occupation of the Saar coalfields, in the wake of the Nazi defeat, seemed for a while to present an opportunity for unprecedented experimentation to launch large production runs of steel and aluminium houses. A team of town planners led by Marcel Roux and Georges-Henri Pingusson tried in vain to have such a policy implemented. A member of that team, André Sive (b. Szivessy 1899, d. 1958) who had been a student in Perret's atelier at the *Palais du Bois* in 1925-1930, designed the Meudon scheme with Henri Prouvé (Jean Prouvé's younger brother, an architect) They incorporated some of the component parts produced in Jean Prouvé's workshops for twenty-six houses commissioned by the Minister for the Reconstruction, Eugène Claudius-Petit; these components had long remained unused at Nancy, as the order had been fulfilled in absence of a workable location.[2]

Ten of these houses, named *Métropole* and initially entirely designed in aluminium, were to be erected at Meudon. The principal loadbearing structure consists of a folded steel portal frame supporting a ridge beam, braced by aluminium cladding panels fixed top and bottom to the roof and the ground. Rectangular windows slide open vertically and each house has a large projecting bay window. The four other houses are of the *monocoque* type developed by Prouvé using components intended for industrial hangars, but here the two steel roof elements are supported on masonry walls.

So the full potential of Jean Prouvé's panoply of panels, windows and *monocoques* of steel and aluminium was explored on this hillside in one of the Paris region's great forests, in light-weight structures erected on stone base plinths of the kind then commonplace in French suburban houses. The economic use of materials, the compact design of the kitchen-bathroom units and also the use of standardised components in these houses were a revelation of Jean Prouvé's dream – to build houses like the 2CV cars which had just begun to roll off Citroën factory production lines by the thousand. But despite all his best efforts, this great project was thwarted by the conservatism of the building industry and the French administration's fascination with reinforced concrete. As a result, this housing development has acquired a kind of canonical status, together with the prototype "House for Better Days" devised by Jean Prouvé in 1953 for the campaign against slum housing conditions then being waged by the Catholic priest, Abbé Pierre. The concept for the latter house was an exceptionally clear and elegant transcription of the techniques tested in the houses at Meudon.

J.-L. C.

1. On the work of Jean Prouvé, see Benedikt Huber and Jean-Claude Steinegger [editors], *Jean Prouvé, une architecture par l'industrie*, Zurich, Les Éditions d'Architecture, 1971, pp. 194-195 [parallel texts in English, French & German]; Jan van Geest (editor), *Jean Prouvé, constructeur*, Delft, Delft University Press/ Rotterdam, Museum Boymans-van Beuningen, 1981; Raymond Guidot and Alain Guiheux [editors], *Jean Prouvé, 'constructeur'*, Paris, Centre Georges Pompidou, 1991 [exhibition catalogue], pp. 166-167.

2. The program was the subject of a detailed study by Christian Enjolras: *Jean Prouvé, les maisons de Meudon de 1949 à 1999*, Paris, École d'architecture de Paris-Belleville, 1999.

Ensemble d'habitations

Maisons en métal

Après l'épisode de la Maison du peuple de Clichy, Jean Prouvé poursuit sous l'Occupation ses recherches sur la construction métallique avec l'aide, notamment, de Pierre Jeanneret, désormais définitivement séparé de Le Corbusier. Elles portent sur la conception et la réalisation de maisons démontables, susceptibles de répondre aux besoins du déploiement militaire ou à ceux de la colonisation. Ces recherches sont à l'origine de la création des Ateliers de Maxéville, près de Nancy, où Prouvé mène, à partir de 1945, la production de prototypes de coques, de façades et de meubles en métal léger, avant que la pression conjuguée de la routine, de la jalousie et du principe de profit ne l'amène à fermer ce laboratoire exceptionnel en 1953[1].

L'occupation française de la Sarre, consécutive à la défaite nazie, semblera un moment offrir un champ d'expérimentation exceptionnel pour lancer la réalisation de grandes séries de maisons en acier et aluminium. L'équipe d'urbanistes constituée autour de Marcel Roux et de Georges-Henri Pingusson s'efforce en vain de mettre en œuvre une telle politique. Intégré à cette équipe, André Sive, né Szivessy (1899-1958), ancien élève de l'atelier Perret au Palais de Bois entre 1925 et 1930, assemble avec Henri Prouvé, frère cadet de Jean et architecte, à Meudon les éléments provenant d'une commande passée par le ministre de la Reconstruction, Eugène Claudius-Petit pour vingt-six habitations. Leurs composants restaient inutilisés à Nancy, faute de terrain disponible, alors que les ateliers avaient lancé leur fabrication sans attendre une affectation définitive[2].

Dix de ces maisons, initialement conçues intégralement en aluminium, sont montées à Meudon. Elles ont une structure porteuse principale constituée par un « compas » métallique vertical en acier plié, qui soutient la poutre maîtresse. Les panneaux de façade en aluminium sont ensuite tendus entre le sol et la toiture et raidissent l'ensemble. Les fenêtres rectangulaires sont équipées de vitrages coulissant verticalement et chaque maison est dotée d'un *bow-window*. Les quatre autres maisons sont du type « coque », que Prouvé a inventé en développant un principe de couverture pour hangar industriel, les deux éléments de la toiture étant portés par des murs de maçonnerie.

Sur la pente d'une des grandes forêts de la région parisienne, toutes les ressources de sa panoplie de panneaux, de verrières, de coques en acier ou en aluminium de Prouvé sont exploitées, les structures légères étant posées sur des soubassements en pierre semblables à ceux des pavillons courants de la banlieue. Dans leur économie de matériaux, dans la compacité de leurs « blocs » cuisine/salle de bains autant que dans le caractère répétitif de leurs éléments constructifs, ces maisons révèlent le rêve de Prouvé : construire les maisons comme les 2 CV qui commencent alors à sortir par milliers des usines Citroën. Mais le conservatisme des industriels du bâtiment et la fascination de l'administration française pour le béton armé empêchera ce grand dessein d'aboutir en dépit de l'énergie de Prouvé qui lui donnera, en quelque sorte, une forme canonique avec la maison étudiée en 1953 pour l'abbé Pierre, où les solutions visibles à Meudon trouvent une transcription d'une clarté et d'une élégance exceptionnelles. J.-L. C

1. Sur l'œuvre de Prouvé, voir Benedikt Huber, Jean-Claude Steinegger (dir.), *Jean Prouvé, une architecture par l'industrie*, Zurich, Les Éditions d'architecture, 1971, pp. 194-195 ; Jan van Geest (dir.), *Jean Prouvé, constructeur*, Delft, Delft University Press/Rotterdam, Museum Boymans-van Beuningen, 1981 ; Raymond Guidot, Alain Guiheux (dir.), *Jean Prouvé « constructeur »*, Paris, Centre Georges Pompidou, 1991 (cat. d'expo), pp. 166-167.
2. L'opération a été étudiée avec rigueur par Christian Enjolras, *Jean Prouvé, les maisons de Meudon de 1949 à 1999*, Paris, École d'architecture de Paris-Belleville, 1999.

Jean Prouvé, Henri Prouvé André Sive

Route des Gardes, Meudon Hauts-de-Seine 1950

Fragment de la façade d'une maison « Métropole » / Métropole *house type, external detail.*

Une maison « Métropole » / Métropole *house type.*

Les maisons «Métropole» sur la pente / *Houses of Métropole type, in their hillside setting.*

Une maison «Coque» / *House with roof of Monocoque type.*

93 P14

Perron et porte d'entrée d'une maison «Métropole» / *Raised entrance platform and front door to house of* Métropole *type.*

Bow-window d'une maison «Métropole» / *Projecting bay window, house of* Métropole *type.*

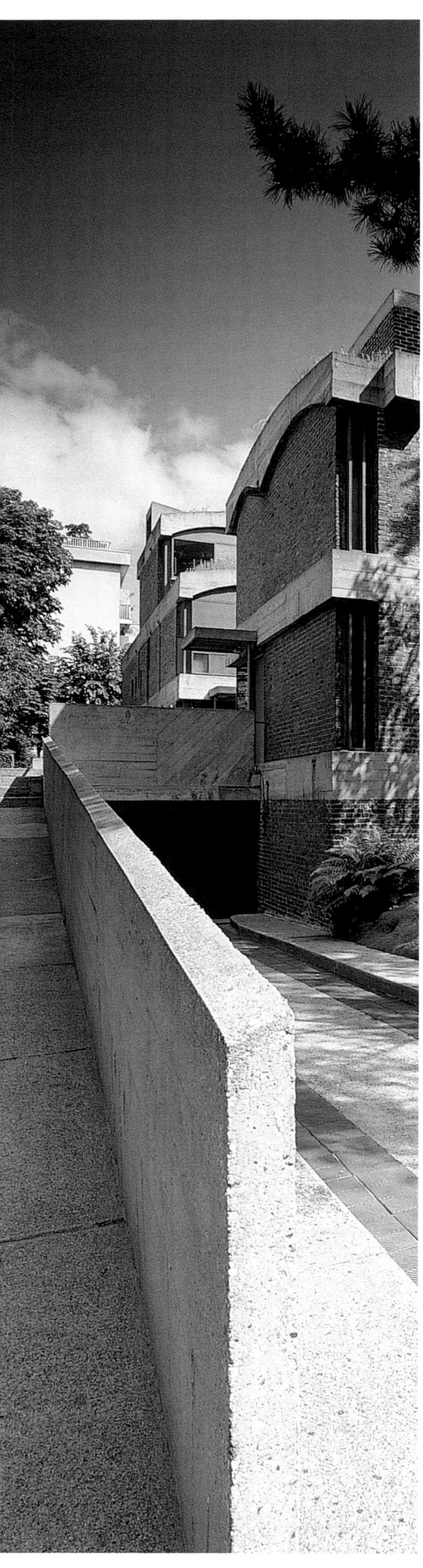

Private houses

Like Notre-Dame du Haut, the pilgrimage chapel at Ronchamp, the Jaoul houses revealed yet another Le Corbusier in the early 1950s. Putting behind him the geometric vocabulary of Purism, he ventured into new territory by exploring forms of unprecedented inventiveness. This far from commonplace commission for two contiguous houses provided him with an opportunity to develop ideas he had already rehearsed in his designs for the single-storey *Petite maison de weekend* built at La Celle Saint-Cloud in 1935 using loadbearing walls of exposed masonry and concrete vaulting known as Catalan vaults.

Set on thick brick walls, the barrel-vaults at Neuilly harked back to the islands of the Mediterranean long admired by Le Corbusier, who placed the two houses on a shared semi-basement in a manner highly reminiscent of a village cluster. One house was for the client, the engineer André Jaoul, the other for his son, Michel. Both houses are served by a shared entrance ramp. The first runs parallel with the road, while the other is set back from it at right angles; each house has two gardens, with a shared courtyard linking the two kitchens.

External elevations are of load-bearing brickwork alternating with highly varied forms of opening, with horizontal bands of board-marked concrete (the floor slabs) punctuating the composition. In 1955, the British architect James Stirling (1924-1992), whose work was to be associated with the New Brutalism [1] so frequently evoked in connection with the Jaoul houses, remarked that they had similarities with Provençal farms and traditional Indian houses. Contrasting this primitive rurality with the urbanity of Le Corbusier's villas of the 1920s, he noted that although "frequently accused of being 'internationalist,' Le Corbusier is actually the most regional of architects."[2]

Inside both houses, the plastic forms of the staircase and fireplace, which catch the eye from the entrance, provide the principal elements of scansion within the ground-storey volume. Here, the space is far more fluid than might be supposed from the outside, for partitions structure it without ever closing it off. The kitchen "incorporated into domestic life"[3] is a box-like form in the double-height living room, from which it is dissociated by low walls defining the nooks. Light emanating from the four corners of the room, through full-height glazing or narrow slits, constructs a unified space while also differentiating it, so a wide range of uses may be made of the same room against the changing backdrop provided by the diurnal course of the sun.

The variety of openings is striking – full-height windows, subdivided by timber transoms which define a window running the length of the library or ledges running along the wall across a vertical window opening. They accentuate the interplay between plastered walls and glazed panels, and between square and L-shaped windows. Whether seen from inside or out, these windows are sculptural objects whose harmony derives from the use of the *Modulor* – the system of proportions devised by Le Corbusier by combining the Golden Section with the human scale.

The painted walls, exposed concrete and reddish ochre bricks endow these interiors with a warmer appearance than his Purist interiors. But what the Jaoul houses do have in common with those of the 1920s is the way they hark back to the layout of the 18th-century private apartment, with its *chambre* and the ancillary spaces serving it. Here, the bedrooms give onto a linen cupboard, a large built-in wardrobe and a bathroom with, or without, a separate w.c. compartment. With the addition of roof-terraces, the accommodation provided for residents smacked of hedonism and bodily pleasures.

To James Stirling, the Jaoul houses were comfortable, even "cosy" and had nothing to do with the "machine for living in" advocated by Le Corbusier thirty years earlier: "...[these houses] could be inhabited by any civilised family, urban or rural."[4] What greater compliment could be paid to a contemporary architect when so much modern housing is deemed to be uninhabitable?

M. E.

1. Invented in London during the mid-1950s, the term "Neo-Brutalism" has frequently been coined in connection with board-marked concrete, exposed service runs, etc. See: Reyner Banham, *The New Brutalism: Ethic or Aesthetic,* London, The Architectural Press, 1966.
2. James Stirling, "Garches to Jaoul, Le Corbusier as domestic architect in 1927 and 1953," *The Architectural Review*, Vol. 118, No. 705, September 1955, pp. 145-151.
3. Willi Boesiger, *Le Corbusier, œuvre complète,* 1946-1952, Zurich, Les Éditions d'architecture, 1957, p. 173.
4. James Stirling, op. cit.

Maisons Jaoul

Au même titre que la chapelle Notre-Dame du Haut-de-Ronchamp, les maisons Jaoul révèlent au début des années 50 un « autre » Le Corbusier, qui délaisse le lexique géométrique du purisme pour des aventures formelles d'une invention inédite. Il saisit l'occasion que lui offre la commande peu banale d'un ensemble de deux maisons pour revenir sur une solution déjà utilisée par lui dans la « Petite maison de week-end », construction à rez-de-chaussée réalisée à La Celle-Saint-Cloud en 1935 avec des murs de maçonnerie apparente et des voûtes de béton dites catalanes.

Tendues au-dessus de murs épais de briques, les voûtes de Neuilly trouvent leur origine dans les îles de la Méditerranée que Le Corbusier aimait depuis longtemps et l'assemblage des deux maisons sur un socle commun à demi enterré évoque fortement un groupement villageois. En effet, l'habitation du client, l'ingénieur André Jaoul, et celle de son fils Michel sont dissociées. La rampe d'entrée dessert les deux maisons, la première est parallèle à l'alignement et la seconde, située en retrait, est orthogonale à la rue. Chaque maison possède deux jardins, une cour commune unissant les deux cuisines.

Les façades, composées de larges murs de briques alternant avec des ouvertures de formes très diverses, sont rythmées horizontalement par des chaînages de béton brut. L'architecte britannique James Stirling, adepte du « brutalisme [1] » souvent évoqué à propos des maisons Jaoul, leur trouve dans les années 50 une ressemblance avec les fermes provençales mais aussi avec les maisons traditionnelles indiennes. Il oppose cette ruralité primitive à l'urbanité des villas des années 20 et note que « fréquemment accusé d'être "internationaliste" Le Corbusier est actuellement le plus régionaliste des architectes [2] ».

Dans les deux maisons, l'escalier et la cheminée, objets plastiques, décalés et visibles depuis l'entrée, sont les deux scansions principales dans le volume du rez-de-chaussée où les cloisons structurant l'espace, sans jamais le fermer, offrent une fluidité imperceptible de l'extérieur. La cuisine « incorporée dans la vie domestique [3] » est une boîte dans le séjour, en partie à double hauteur, dissocié par des murets qui définissent des coins. Cette distribution permet aux habitants d'avoir plusieurs activités dans la même pièce sans se gêner. La lumière, émanant des quatre coins de la pièce par de grandes baies ou d'étroites failles, construit un espace unifié mais en même temps différencié dans lequel la course du soleil met en scène un spectacle quotidien.

La variété de ces ouvertures est saisissante : grandes baies sur toute la hauteur, découpées par des montants de bois horizontaux qui dessinent une fenêtre en longueur dans la bibliothèque, ou tablettes suivant le mur et traversant une fenêtre verticale. Ces éléments de bois accentuent le jeu entre murs enduits et panneaux de verre ou entre fenêtres carrées et en L, selon le cas vitrées ou opaques. Ces fenêtres sont, à l'intérieur comme à l'extérieur, des objets plastiques, dont l'harmonie résulte de la mise en œuvre des dimensions définies par le « Modulor », système de proportions par lequel Le Corbusier conjugue le principe du nombre d'or et l'échelle du corps humain.

Les murs peints, le béton et les briques ocres donnent à l'intérieur un aspect plus chaleureux que celui des intérieurs puristes. Mais les maisons Jaoul partagent avec celles des années 20 la référence à l'appartement privé du XVIIIe siècle, avec la chambre et des annexes qui la servent. Les chambres à coucher se prolongent en effet par une lingerie, un placard et une salle de bains parfois doublée d'un cabinet de toilette. Avec la terrasse, c'est bien un véritable dispositif lié à l'hédonisme et au plaisir corporel qui est proposé aux habitants.

Confortables, voire « cosy », à en croire James Stirling, les maisons Jaoul n'ont rien de la « machine à habiter » que préconisait Le Corbusier trente ans auparavant. Elles sont, aux yeux de Stirling, des maisons « qui conviennent à tout le monde [4] ». N'est-ce pas le plus beau compliment qu'on puisse faire à un architecte contemporain quand tant de maisons modernes sont considérées comme inhabitables ? M. E.

1. Le terme de « brutalisme » est inventé dans les années 50 à Londres et qualifie les bâtiments en béton brut de décoffrage, ayant souvent pour seul décor les tuyaux de leurs réseaux : Reyner Banham, *Le Néo-brutalisme*, Stuttgart, Hatje, 1968.
2. James Stirling « Garches to Jaoul. Le Corbusier as Domestic Architect in 1927 and 1953 », *The Architectural Review*, vol. 118, n° 705, septembre 1955, pp. 145-151.
3. Willi Boesiger, *Le Corbusier, œuvre complète, 1946-52*, Zurich, Les Éditions d'Architecture, 1957, p. 173.
4. James Stirling, *loc. cit.*

Le Corbusier
81bis, rue de Longchamp
Neuilly-sur-Seine
Hauts-de-Seine
1953

Entrée du garage et rampe, rue de Longchamp / *Garage entrance and pedestrian ramp, from Rue de Longchamp.*

Reflet de la maison B dans le vitrage de la maison A / *House A, with reflection of House B in window glazing.*

La maison B vue depuis la terrasse de la maison A / *House B, seen from House A roof-terrace.*

Façade principale de la maison B / *Main entrance front, House B.*

Maison A : le séjour, la cuisine et l'entrée /
House A, living room, kitchen and entrance hall.

Maison B: vues de l'escalier et de l'accès au sous-sol /
House B, views of staircase and access to basement.

Residential sky-scraper

This *skyscraper* by Édouard Albert (1910-1968), which now stands out like a beacon of crystal-clear rationality against the backdrop of mediocre tower blocks dotted around Paris since the 1970s, acquired the status of a prototype for a new generation of high-rise buildings at the time of its construction in the late 1950s. However modest its twenty-two storeys may seem today, it was the first building to break the height limit which had remained unchanged in Paris since the introduction of regulations drafted by Louis Bonnier in 1902.

A key element of the original concept was the interval bisecting the building at seventh-floor level, which was to have been linked to the streets to the rear, on the Place d'Italie side of the building. These streets are some 15 metres higher than the Rue Croulebarbe, which relates to level of the Bièvre valley below and gives onto the Square René-Le-Gall (designed by Jean-Charles Moreux) and the government furniture depot *(Mobilier national)* designed by Auguste Perret. In the absence of the link, the seventh-floor terrace serves only as a vertical break which alleviates the building visually.

Sliced into two unequal halves by the terrace, the tower is reticulated by uprights in the structural frame and, on the flank walls, by cross-bracing – an arrangement which the architect likened to "the effect of a musical stave." More importantly, he saw it as a means to evoke spatial freedom and to overcome "mass," which he wanted people "to forget."[1] A low block defines a kind of forecourt between the Rue Croulebarbe and the tower which, despite its great size, is not out of keeping with the urban and architectural continuity of the old Faubourg des Gobelins district.

The Croulebarbe "skyscraper" represents a quest to put the two major building technologies of the post-war period into synthesis, by combining reinforced concrete floor slabs, a concrete-filled tubular steel frame and stainless steel cladding panels. Albert pursued this quest in his office buildings at Orly – the remarkable Air France training centre – and at the Jussieu Faculty of Sciences in Paris, where the sheer scale of the development changed the rules of the game.[2] J.-L. C.

1. Édouard Albert, *Une option sur le vide*, Paris, Sens & Tonka, 1994 [collected writings, edited by Hubert Tonka].
2. Bernard Marrey, *Édouard Albert*, Paris, Centre Georges Pompidou, 1998.

Appartements

Gratte-ciel d'habitation

Faisant figure aujourd'hui de cristal de rationalité devant la médiocrité des tours constellant Paris depuis les années 70, l'immeuble d'Édouard Albert (1910-1968) représentait, lors de sa construction, le prototype d'une nouvelle génération d'immeubles en hauteur. Ses vingt-deux étages peuvent sembler bien modestes aujourd'hui mais ils crevaient pour la première fois un gabarit parisien inchangé depuis le règlement de voirie que Louis Bonnier avait élaboré en 1902.

Élément essentiel du projet initial, la terrasse qui coupe en deux parties le bâtiment au niveau du septième étage était censée créer une relation avec le sol des rues situées à l'arrière de l'immeuble, du côté de la place d'Italie. Celles-ci sont en effet plus hautes de quinze mètres que la rue Croulebarbe située en contrebas, à l'altitude de la vallée de la Bièvre, face au square René-Le-Gall de Jean-Charles Moreux et au Mobilier national d'Auguste Perret. La terrasse reste aujourd'hui simplement une scansion verticale, qui allège visuellement le bâtiment.

Elle coupe en deux moitiés inégales un prisme réticulé par les ossatures verticales et, sur les pignons, par les croisillons de contreventement. L'édifice prend ainsi « une allure de portée musicale », opposant aux yeux de son architecte la liberté de l'espace à la « masse » qu'il entend « oublier[1] ». Raccordé à l'alignement de la rue Croulebarbe par un bâtiment bas qui ménage une sorte de cour, la tour d'Albert reste pourtant insérée, malgré sa taille, dans la continuité urbaine de l'architecture de l'ancien faubourg des Gobelins.

Associant le béton armé des dalles de planchers aux tubes d'acier – eux-mêmes remplis de béton – de l'ossature et aux panneaux d'acier inoxydable, le « gratte-ciel » Croulebarbe est l'expression d'une volonté de synthèse entre les deux grands ordres de construction de l'après-guerre, volonté déclinée par Albert dans ses immeubles de bureaux d'Orly – le remarquable centre de formation d'Air France – et de Paris, et également dans la faculté des sciences de Jussieu, où le volume considérable de l'entreprise déplacera tous les enjeux[2]. J.-L. C.

1. Édouard Albert, *Une option sur le vide*, Paris, Sens et Tonka, 1994 (écrits réunis par Hubert Tonka).
2. Bernard Marrey, *Édouard Albert*, Paris, Centre Georges Pompidou, 1998.

Édouard Albert
Henri Boileau
Roger Labourdette

33, rue Croulebarbe, Paris XIIIe

1960

L'immeuble et l'alignement de la rue Croulebarbe / *Édouard Albert's skyscraper, set back from Rue Croulebarbe frontage.*

La terrasse du septième étage et le quartier des Gobelins / *Seventh-floor terrace and Gobelins district.*

L'immeuble et la cour sur la rue Croulebarbe /
Édouard Albert's building and forecourt, from Rue Croulebarbe.

L'immeuble et les tours du quartier Italie /
Édouard Albert's skyscraper against backdrop of later tower-blocks in Place d'Italie district.

Fragment de la façade / *Part of flank wall.*

Terrasse du septième étage / *Seventh-floor terrace.*

Student hostel

The *Cité universitaire* was begun in the early 1920s, along the lines of an Anglo-American university campus, following a layout designed by Lucien Bechmann and Jean Claude Nicolas Forestier. It constitutes an extraordinary architectural collection, ranging from the Romanticism of Bechmann's Franco-British Foundation to the Modernism of the Swiss and Brazilian pavilions (the former by Le Corbusier and Pierre Jeanneret, the latter by Lucio Costa with Le Corbusier) and Willem Marinus Dudok's Dutch pavilion. When the transformation of the 19th-century city fortifications was completed by the construction of the Paris ring road, the *Cité universitaire* found itself cheek by jowl with fast-moving traffic which threatened to disrupt this oasis of calm. Moreover, a new type of boundary marker was needed, to play the role hitherto fulfilled by the original *Cité universitaire* buildings along the Boulevard Jourdan, but in this case conceived on the scale of the Parisian metropolis and its new infrastructures, in response to new modes of perception.

The hundred-bedroom building for Iranian students built to designs by Claude Parent (b. 1923) with André Bloc, Mohsen Foroughi and Heydar Ghiai, dominates the *Cité universitaire* with two four-storey blocks suspended from a kind of steel gantry. These volumes are linked and, in a way gauged, by the structurally independent external spiral staircase. The design develops themes explored by Claude Parent in the house built for André Bloc at Antibes in 1959. Parent's penchant for succinct architectural statements and bold forms, whether vertical, ground-hugging or oblique, like those he designed with Paul Virilio when they worked together in the *Architecture principe* group, is manifest in this "rhythmic exercise in the articulation of space," conducted "by the simplest of means, the means most commonly employed in contemporary architecture: 'It is an architecture that should be read in its negative spatiality, particularly on approaching the building and as the spectator moves round it. It is this addition and juxtaposition of articulated void that reflects the *esprit de suspension* of this building.'"[1]

As an inhabited megastructure, the *Maison de l'Iran* presents a symbol of almost typographical clarity – itself fairly unusual in the Parisian cityscape. It can be read at several different scales: a major landmark to motorists speeding past on the Paris ring-road, and a dwelling-place to residents which also offers other students the deep shade beneath the structure.

J.-L. C.

1. Claude Parent, "Maison de l'Iran," *L'Architecture d'aujourd'hui*, No. 144, June/July 1968, p. 64. See also: Claude Parent, *Carnets de croquis*, Paris, A Tempera, 1992, and the republished *Architecture principe magazine*, Paris, Éditions de l'Imprimeur, 1996.

Résidence d'étudiants

Fondation Avicenne

Construite au début des années 20 selon le modèle des campus anglo-saxons, sur un plan dessiné par Lucien Bechmann et Jean Claude Nicolas Forestier, la Cité universitaire constitue une extraordinaire collection d'architectures romantiques – comme la Fondation franco-britannique de Bechmann – ou modernes – les pavillons suisse et brésilien de Le Corbusier et le pavillon néerlandais de Willem Marinus Dudok. Avec le percement du boulevard périphérique achevant la transformation de l'ancienne enceinte fortifiée, la Cité s'est trouvée bordée par une voie rapide. Cette menace pour l'oasis qu'elle représentait appelait un nouveau type de bornage, homologue de celui que les premiers bâtiments constituaient en bordure du boulevard Jourdan, mais pensé à l'échelle de la métropole parisienne et de ses nouveaux réseaux et en fonction de nouveaux modes de perception.

Le bâtiment de cent chambres construit pour les étudiants iraniens par Claude Parent (né en 1923), avec André Bloc, Mohsen Foroughi et Heydar Ghiai, domine la Cité de ses deux groupes de quatre étages suspendus à trois portiques d'acier. Ces volumes sont reliés, et en quelque sorte mesurés, par l'escalier hélicoïdal extérieur, autonome structurellement. Le pavillon développe les thèmes abordés par Parent dans la maison réalisée en 1959 pour André Bloc à Antibes. Les partis lapidaires de l'architecte et son attachement aux grandes formes sont notoires, que ces formes soient verticales, rampantes ou obliques. L'image de celles qu'il élabore alors avec Paul Virilio au sein du groupe Architecture Principe est manifeste dans cet « exercice rythmique de découpage de l'espace » mené « avec les moyens les plus simples et les plus utilisés de l'architecture contemporaine ».

« C'est une architecture que l'on doit lire dans sa spatialité négative, surtout au fur et à mesure de l'approche, au fur et à mesure du mouvement du spectateur autour de l'ouvrage. Ce vide articulé additionnel et juxtaposé reflète l'"esprit de suspension" de ce bâtiment [1] ».

Mégastructure habitable, assez exceptionnelle par la clarté presque typographique du signe qu'elle inscrit dans le paysage parisien, la Maison de l'Iran offre donc une multiplicité d'échelles : grand repère pour les automobiles filant sur le Périphérique, lieu de vie pour ses résidents, elle offre aux autres étudiants de la Cité l'ombre profonde de ses portiques.

J.-L. C.

1. Claude Parent, « Maison de l'Iran », *L'Architecture d'aujourd'hui*, n° 144, juin-juillet 1969, p. 64. Voir aussi Claude Parent, *Carnets de croquis*, Paris, A Tempera, 1992 et la réédition des cahiers *Architecture Principe*, Paris, Éditions de l'Imprimeur, 1996.

Claude Parent
André Bloc
Mohsen Foroughi
Heydar Ghiai

Cité universitaire internationale
boulevard Jourdan, Paris XIVe
1968

Détail de l'escalier / *Part of external spiral staircase.*

Les pilotis et le départ de l'escalier / Pilotis *and foot of external staircase.*

La Fondation et le parc de la Cité universitaire / *Avicenna Foundation seen across Cité Universitaire parkland.*

La Fondation et le boulevard Périphérique / *Avicenna Foundation seen across the Paris ring-road.*

MERCEDES-BENZ
DEFI
P

Arts centre, museum and library

In 1971, the selection of the scheme by Piano + Rogers as the winner of the first international architectural competition ever organised in Paris came as something of a surprise. The chairman of the jury was Jean Prouvé.

The project had been initiated by the President of the Republic, Georges Pompidou (successor to General de Gaulle) who first unveiled his wish to create a new art centre in Paris in 1969, in conjunction with a long-planned public reference library. In 1972, Pompidou confirmed the project would be a cultural centre incorporating a "museum and a centre de *création*" where the creation in question would "of course, be modern and would evolve continually."[1] The first merit of the approach adopted by Renzo Piano (b. 1937) and Richard Rogers (b. 1933) was to open up a large *piazza* which has since become one of the most popular pubic open spaces in Paris. The second was to have invented an innovatory, open-ended megastructure which addressed the city in a form that stood out from, and soared above, the contentious "umbrellas" built to replace most of Les Halles – the 19th-century market buildings designed by Baltard. Communications were a major theme of the Piano + Rogers proposal, in which "a three-dimensional loadbearing wall" was to give "non-stop news and continually updated information on Paris shows, events, exhibitions, television programmes, remote-control gadgets, temporary installations, electronic games, computers, etc."[2]

As built, the *Centre Georges Pompidou* gave material form to the concept of a multi-purpose mobile building as formulated by Cedric Price in his "Fun Palace" project of 1963 and implicit, too, in the Utopian projects dreamed up by Archigram at that period. Moreover, the building was wholly compatible with Reyner Banham's definition of a magastructure: "a structural framework into which smaller structural units can be built," which is: "expected to have a useful life much longer than that of the smaller units which it may support."[3]

The various cultural activities required by the brief were housed on uninterrupted floors 50 m x 170 m in size, served externally by vertical ducts, lift-shafts and stairwells on the rear elevation and by the glazed escalator overhanging the piazza[4]. This cross between naval metaphors, the prophesies of Italian Futurists such as Antonio Sant'Elia, who dreamed of the day when "glass staircases would snake across the full width of facades"[5] and a fascination for technology evident in modern architecture even before 1914 eventually found its resolution in a manifesto building composed largely of factory-produced prefabricated components. It was licked into shape by the inventiveness of the engineer from Ove Arup & Partners, Peter Rice, as is particularly evident in the design of the *gerberettes* or rocker arms[6] – cantilevered cast steel components carrying the external access decks while also incorporating fixings for the elevational cross-bracing.

The success of the Georges Pompidou Centre was as unexpected as it was instantaneous: twenty-five thousand visitors per day. Yet the problems posed by the theoretical flexibility of the interiors should not be overlooked. Indeed, the building never ceased to be a permanent building site, as was attested as early as 1986, when the galleries housing the National Museum of Modern Art's permanent collections were completely redesigned by Gae Aulenti and Italo Rota to provide more traditional walls and ceilings – the Centre conceived for every potential use could at last prove it could become a museum. A complete refit of the building followed, in 1992-2000. During the course of these works, the *piazza* was made into an uninterrupted space and Brancusi's studio was rebuilt. Jean-François Bodin was responsible for laying out new museum spaces for the collections on the third and fourth floors, exhibition spaces on the fifth floor and the library, which now has its own internal circulation "tower." Performance spaces are now concentrated in the lower parts of the building, which have been adapted for the purpose by Renzo Piano. J.-L. C.

1. Georges Pompidou, *Le Monde*, 17 October 1972. On the genesis of the Centre see Olivier Dufour, "L'Histoire d'une ambition," *Esprit*, No. 123, February 1987, pp. 1-15; and Nathan Silver, *The Making of Beaubourg: A Building Biography of the Centre Pompidou*, Cambridge, Massachusetts, The MIT Press, 1994.
2. On the competition for the Centre at Beaubourg, see *Paris-Projet*, No.7, 1972.
3. Reyner Banham, *Megastructure: Urban Form of the Recent Past*, London, Thames and Hudson, 1976, p. 9.
4. The most detailed book on the Centre is: Renzo Piano, Richard Rogers & Antoine Picon, *Du plateau Beaubourg au Centre Georges Pompidou*, Paris, Centre Georges Pompidou/Association des Amis du Centre Pompidou, 1987.
5. Antonio Sant'Elia, *L'Architettura futurista, manifesto*, 11 July 1914.
6. Named after the 19th-century German engineer, Heinrich Gerber.

Centre d'art et de culture, musée, bibliothèque

Centre Georges Pompidou

Projet choisi à l'étonnement général en 1971 au terme du premier concours international d'architecture jamais organisé à Paris et dont le jury était présidé par Jean Prouvé, le centre Georges Pompidou répond au vœu exprimé en 1969 par le successeur du général de Gaulle de créer un centre d'art à Paris, auquel serait associée la « bibliothèque de lecture publique » envisagée depuis plusieurs années. En 1972, Pompidou précise l'idée d'un « centre culturel » associant « musée et centre de création », une « création » qui « évidemment, serait moderne et évoluerait sans cesse [1] ». Le premier mérite du parti de Renzo Piano (né en 1937) et Richard Rogers (né en 1933) aura été de libérer une grande place, devenue depuis un des espaces publics les plus populaires de Paris. Le second aura été l'invention d'une mégastructure ouverte et tournée vers la ville, grande forme contrastée planant au-dessus des contestables « parapluies » ayant remplacé les halles de Baltard. La thématique de la communication traverse le propos grâce à la façade ouest, dotée d'« un mur porteur à trois dimensions » donnant « à toute heure les dernières nouvelles, des renseignements divers concernant les spectacles parisiens, les expositions, les programmes de télévision, la robotique, les installations temporaires, les jeux électroniques, les renseignements informatisés, etc. [2] ».

Matérialisation d'un concept d'édifice polyvalent et mobile formulé en 1963 par Cedric Price avec son Fun Palace, et présent en filigrane dans les utopies d'Archigram à la même époque, le centre est une authentique mégastructure, au sens que Reyner Banham donne à ce terme, à savoir une « ossature constructive dans laquelle les unités plus petites peuvent être incluses » et « qui est censée avoir une durée de vie bien supérieure à celle des petites unités qu'elle accueille [3] ».

Il abrite les différentes activités culturelles du programme sur des planchers de 50 mètres par 170, totalement libres de cloisons et desservis par le double dispositif des colonnes montantes, situées sur la façade postérieure, et de l'escalator vitré surplombant la piazza [4]. Dans l'accouplement entre la métaphore navale et les prophéties des futuristes italiens qui, comme Antonio Sant'Elia, rêvaient du jour où les « serpents de verre des escaliers ramperaient le long des façades [5] », la fascination apparue, dès avant 1914, de l'architecture moderne pour la technique, se résoud enfin dans un édifice-manifeste, largement préfabriqué en usine. L'esprit inventif de Peter Rice, ingénieur chez Arup, façonne le bâtiment et se concentre particulièrement dans la « gerberette [6] », pièce de fonderie en acier qui porte à faux les galeries extérieures et reçoit l'extrémité des raidisseurs des façades.

Le succès public immédiat autant qu'imprévisible du centre Pompidou (25 000 visiteurs par jour) ne doit pas masquer les difficultés provoquées d'emblée par la polyvalence théorique des intérieurs. Le bâtiment n'aura pas, en fait, cessé d'être un chantier permanent, comme en fait foi la reconstruction dès 1986 par Gae Aulenti et Italo Rota des galeries permanentes du musée national d'Art moderne selon un système de murs et de plafonds plus traditionnels. Pensé pour être ouvert à tous les usages potentiels, le centre aura ainsi fait la preuve qu'il pouvait enfin devenir un musée. Un réaménagement général a été entrepris en 1992 et achevé en 2000. La piazza a été unifiée et l'atelier du sculpteur Brancusi reconstruit. Une muséographie de Jean-François Bodin déploie aux 3e et 4e étages les collections du musée, les galeries d'exposition étant développées au 5e. La bibliothèque dispose désormais d'une « tour » interne de circulation et Renzo Piano crée, dans les parties basses du bâtiment, un véritable pôle pour les spectacles.

J.-L. C

1. Georges Pompidou, *Le Monde*, 17 octobre 1972. Sur la genèse du centre, voir Olivier Dufour, « L'Histoire d'une ambition », *Esprit*, n° 123, février 1987, pp. 1-15 et Nathan Silver, *The Making of Beaubourg: A Building Biography of the Centre Pompidou*, Cambridge (Mass.), The MIT Press, 1994.
2. Sur le concours du centre Beaubourg, voir *Paris-Projet*, n° 7, 1972.
3. Reyner Banham, *Megastructure: Urban Form of the Recent Past*, London, Thames and Hudson, 1976, p. 9.
4. L'ouvrage le plus complet sur le centre est Renzo Piano, Richard Rogers, Antoine Picon, *Du plateau Beaubourg au centre Georges Pompidou*, Paris, centre Georges Pompidou/Association des amis du centre Pompidou, 1987.
5. Antonio Sant'Elia, *L'Architettura futurista, manifesto*, 11 juillet 1914.
6. Du nom de Heinrich Gerber, ingénieur allemand du XIXe siècle.

Renzo Piano
Richard Rogers
Ove Arup & partners
Place Georges-Pompidou, Paris IVe
1977-2000

Le mur des réseaux, rue Beaubourg / *Wall of vertical services, Rue Beaubourg.*

Les superstructures, vues de la rue Simon-Le-Franc / *Superstructures, from Rue Simon-Le-Franc.*

Couloir et galerie du musée national d'Art moderne remodelé, troisième étage /
Third-floor corridor and gallery, remodelled National Museum of Modern Art.

Couloir du musée national d'Art moderne remodelé, quatrième étage / *Fourth-floor corridor, remodelled National Museum of Modern Art.*

Le centre la nuit, place Georges-Pompidou / *Main entrance front at night, from Place Georges-Pompidou.*

Fragment de la « chenille », place Georges-Pompidou / *Detail of escalator and external accessways.*

Pages suivantes / *following pages:*

Le centre et le paysage urbain parisien / *Georges Pompidou Centre in the Parisian cityscape.*

Le forum remodelé / *The Forum, as remodelled.*

La Bibliothèque publique d'information remodelée : salle de lecture, escaliers / *Public Information Library, as remodelled : reading room and internal escalators.*

Une coursive et la «chenille», place Georges-Pompidou / *External accessway and escalator, above Place Georges-Pompidou.*

La coursive du cinquième étage / *External accessway at fifth-floor level.*

Cour de sculpture, cinquième étage, noter la «gerberette» reliant le poteau et les supports des coursives / *Sculpture court at fifth-floor level; note junction between gerberette, column and external accessway.*

Cour de sculpture, cinquième étage / *Sculpture court at fifth-floor level.*

Housing development

Curling between a brick-built 1930s housing development and the glass-clad towers of a university built after the 1968 student revolt, this housing development by Christian de Portzamparc (b. 1944) marked a key turning point in Parisian architecture. After two decades of cynical speculation and functionalist brutality, this scheme represented a fresh interpretation of certain historic spaces in Paris, through the "constitution of an architectural landscape specific to the project, linked to the city by transparencies." Here, the scale of the Saint-Germain des Près district's place de Furstemberg is redeployed in the central space, while also taking full account of the social aspects of the brief and the stringency of the related cost controls.

Eight different buildings are grouped round this central pivot: a trio of lofty towers interlinked at every third floor level by access galleries, complemented by smaller ranges of lesser height. As Portzamparc put it, "what people want of housing" is "floor area, then views and light."[1] This observation launched a determined attempt (still ongoing among certain young French architects) to incorporate theoretical ideas on urbanity with a quest to cater for a life-style in which visual perception would be a source of everyday pleasure.

The layout of each apartment is specifically related to its location, orientation and views (a hundred variants were proposed for eighteen dwelling types) and all bathrooms had natural lighting, which was extremely rare in subsidised housing at the time. While the enjoyment of views was a key priority, with most of the apartments facing in several different directions, the architects took the trouble to preserve residents' privacy, notably through their deployment of recessed loggias.

In parallel with this new approach to interior space, the scale of the building was sometimes tempered by the design of window openings, particularly vertical openings visually linking two apartments while also lending a sense of depth to an architecture subjected to rigid cost controls. Given the extent of the external envelope, these same cost controls explain why the investigation of materials, colours and textures was not pushed further.

Nevertheless, the outstanding features of Portzamparc's approach, namely his handling of light and proportions, enabled him to "make space comfortable," and above all "to relieve melancholy" and "reduce angst," to quote his own words. The project played a decisive role in bringing the era of large, repetitive housing developments to an end. M. E. – J.-L. C.

1. François Chaslin et al, *Christian de Portzamparc*, Paris, Institut Français d'Architecture/ Electa-Moniteur, 1984, p. 64.

Ensemble d'habitations **Les Hautes-Formes**

Lové entre un ensemble d'habitations en briques des années 30 et les tours de verre d'une université édifiée après la révolte étudiante de 1968, cet ensemble reste l'expression d'une inflexion majeure dans l'architecture parisienne. Après deux décennies de cynisme spéculatif et de brutalité fonctionnaliste, Christian de Portzamparc (né en 1944) propose, au travers de la « constitution d'un paysage architectural propre au projet, lié à la ville par des transparences », une nouvelle interprétation de certains espaces du Paris historique, telle la place de Furstemberg, à Saint-Germain-des-Prés. Son gabarit est utilisé pour le lieu central de l'opération, sans pour autant nier la dimension sociale et donc économique de son programme.

Autour de ce pivot, huit bâtiments différents sont assemblés, hauts volumes du trio des tours liées entre elles par des galeries d'accès tous les trois niveaux et petits immeubles en bande, plus bas. La remarque de Portzamparc selon laquelle ce que l'on « demande au logement », c'est « la surface et puis la vue et la lumière [1] » inaugure la tentative, toujours présente aujourd'hui chez certains jeunes architectes français, d'associer une réflexion sur l'urbanité à la recherche d'un art de vivre où la perception visuelle soit source de plaisir quotidien.

Chaque appartement dispose d'un plan particulier (cent variantes sont proposées pour dix-huit types de logements), lié à sa position dans l'immeuble, ses orientations, ses vues ; fait rarissime à cette époque, pour des logements économiques, les salles de bains sont éclairées naturellement. Si le plaisir de la vue guide les choix, permettant à la plupart des appartements de bénéficier de plusieurs orientations, les architectes n'en accordent pas moins une grande attention à l'intimité des habitants notamment par le jeu des loggias en retrait.

À côté des recherches intérieures, le travail sur les types de fenêtres, et surtout sur les ouvertures verticales rassemblant visuellement deux appartements, induit parfois une illusion sur l'échelle des bâtiments. Mais il rend aussi un sens de l'épaisseur à une architecture qui n'échappe pas à la rigueur comptable. Ces mêmes limites financières expliquent, compte tenu du grand linéaire de façade, que les recherches sur les matériaux, la texture ou la couleur n'aient pu être poussées plus loin.

Malgré cela, ces moyens privilégiés de la démarche de Portzamparc que sont la lumière et les proportions lui auront permis, selon ses propres termes, de « rendre l'espace confortable » et, surtout, de « calmer la mélancolie » et de « limiter l'angoisse », mettant un point final, par ce projet décisif à l'épisode des « grands ensembles » urbains. M. E. – J.-L. C.

1. François Chaslin *et al.*, *Christian de Portzamparc*, Paris, Electa-Moniteur/Institut français d'architecture, 1984, p. 64.

Christian de Portzamparc
Giorgia Benamo
Rue des Hautes-Formes, Paris XIIIe
1979

Fragment de paysage urbain / *Townscape fragment.*
Le jeu des ouvertures / *Interplay of openings.*

Les bâtiments et la rue vus depuis la rue Baudricourt / *The development, seen from Rue Baudricourt.*

Cour intérieure / *Inner courtyard.*

Pages suivantes / *following pages:*
Paysage des superstructures / *Roofscape.*

Trottoir couvert, rue des Hautes-Formes / *Covered way, Rue des Hautes-Formes.*

Les liaisons entre les bâtiments / *High-level links between buildings.*

Housing development

The redevelopment of the district surrounding the celebrated Gothic cathedral at Saint-Denis during the 1970s marked a clean break with the vast post-war comprehensive redevelopment programmes conducted in the Paris region. Undertaken as a two-phase programme (1976-1983 and 1983-1986), the new district that emerged in the historic town centre neither overwhelmed the neighbouring monuments with its architecture nor sought to imitate past styles.
Taking his cue from the old pattern of streets and plots, Roland Simounet (1927-1996) recreated a district with its own squares and paths and its own complex progressions from public to private space while also offering residents a neighbourly family life-style.[1] Accessways and communal terraces provide potential meeting places where parties can be held from time to time, while residents' privacy is protected by twists and turns on the way to individual entrance doors and by upstand walls which prevent overlooking from communal courtyards.
To the pleasures of moving through space and making ones way from the public domain through increasingly intimate spaces – now offered by ever more architects – Simounet added such notions as "space-time" and "progression between public space and private space" via "passages, galleries, courtyards, steps, galleries and, last of all, the entrance."[2] The numerous nuances between the public and the private domain introduced into these intermediate spaces provide residents with an architectural promenade along accessways, terraces and a belvedere, so they may saunter and wander in a haven of their own, sheltered from the noise of the street.

Roland Simounet's mastery of the perception of space enabled him to create an "impression of space" within the tight space standards governing subsidised housing in France, by finding ways to extend dwellings by means of roof-terraces and, of course, through careful internal planning. Within the very restricted allowable floor area, rooms flowing into one another, diagonal views and transparencies give an impression of extended space. Internal layouts of the apartments differ, depending upon their location within the block. Many have dual aspect, giving onto an accessway on one side and a terrace on the other; they are often on two levels or with half-levels defining rooms while also reconciling and differentiating the use of, and visual continuity between, the various spaces.
A keen observer of changing life-styles, Simounet employed different floor levels to ensure parents and children could enjoy a degree of privacy from each other while also making a clear distinction between family and personal spaces inside dwellings.
References to the Casbah and to African gardens and terraces, which are recurrent themes in Simounet's work, serve as a reminder that he began his career in Algeria.[3] They are subordinated here to a reinterpretation of the ordering of Gothic architecture and to a remarkable sensitivity to the site. The proximity of the cathedral led him to include a belvedere in his designs from the start, while the presence of other existing buildings symbolic of the district (the old mill, the house of the monumental mason, and so on) led him to design the new blocks in terms of a variety of units which, together, set up a dialogue with other developments by contemporary architects. M. E.

1. Alain Pélissier, "Face à face gothique : ensemble résidentiel à Saint-Denis," *Techniques et Architecture*, No. 351, December 1983-January 1984; Roland Simounet, "La Genèse du projet de Saint-Denis Basilique" [interview with Christian Devillers], *Architecture Mouvement Continuité*, No. 14, December 1986.
2. Roland Simounet, op. cit., pp. 54-60.
3. Roland Simounet, *Pour une invention de l'espace*, Paris, Electa-Moniteur, 1986.

Ensemble d'habitations

Saint-Denis Basilique

L'aménagement du quartier entourant la célèbre basilique gothique de Saint-Denis marque dans les années 70 une franche rupture avec les opérations de rénovation urbaine dans la région parisienne. Un quartier neuf émerge dans un centre ancien, sans que son architecture n'écrase les monuments anciens mais sans, pour autant, qu'elle soit subordonnée à une problématique passéiste.

Dans cette opération construite en deux tranches (1976-1983 et 1983-1986), Roland Simounet (1927-1996) recrée, en suivant les traces de l'ancien parcellaire et notamment les rues, un quartier avec ses places, ses cheminements, ses progressions complexes entre l'espace public et l'espace privé, tout en proposant aux habitants un art de vivre au sein de la famille et avec ses voisins[1]. Des coursives, des terrasses communes permettent la rencontre et peuvent devenir des lieux de fête, tandis que l'intimité des habitants est protégée par des chicanes enveloppant l'entrée des logements et des garde-corps empêchant les regards directs depuis les cours.

Aux plaisirs proposés aujourd'hui par des architectes toujours plus nombreux – se mouvoir, cheminer, passer d'espaces publics à des espaces de plus en plus privés – Simounet ajoute des notions comme celle d'« espace-temps » ou de « progression entre l'espace public et l'espace privé », avec « des passages, des galeries, des cours, des escaliers et, enfin, l'entrée[2] ». Ces espaces intermédiaires introduisent de multiples nuances entre le privé et le public, proposant ainsi aux habitants une promenade architecturale par les coursives, terrasses et belvédères qui leur permettent de déambuler tout en étant chez eux, tout en garantissant le repli par rapport au bruit de la rue.

Le travail de Roland Simounet sur la perception lui permet, dans les contraintes étroites de surface propres aux logements sociaux français, de donner une « impression d'espace » par des prolongements de l'habitation tels que les terrasses et, bien entendu, par le travail en plan. La fluidité des pièces entre elles, les vues diagonales et les transparences donnent, dans une surface réduite, l'impression d'un volume expansé. Diversement organisés selon leur position dans l'immeuble, les appartements sont souvent traversants entre coursive et terrasse et en duplex, ou bénéficient de demi-niveaux qui qualifient les pièces et permettent de concilier la différenciation des usages et la continuité visuelle. Observateur attentif de l'évolution des modes de vie, Simounet conçoit une division par étage qui assure l'autonomie des parents et des enfants, en même temps qu'elle dissocie clairement les lieux de la vie publique et privée à l'intérieur du logement.

Les références, fréquentes dans son œuvre, aux qualités spatiales de la casbah, aux jardins et aux terrasses africains viennent rappeler que la première partie de la carrière de Simounet s'est déroulée en Algérie[3]. Elles sont subordonnées ici à l'interprétation des ordres de l'architecture gothique et à une attention remarquable au site. Alors que le rapport à la cathédrale voisine a conduit à dessiner, dès les premières esquisses, un belvédère, l'existence d'immeubles anciens, symboles du quartier (le vieux moulin, la maison du marbrier…) l'a conduit à concevoir les immeubles comme autant d'unités diversifiées, dont l'ensemble dialogue avec les contributions des autres architectes contemporains qui sont intervenus sur le site comme Bernard Paurd ou Renée Gailhoustet. M. E.

1. Alain Pélissier, « Face à face gothique : ensemble résidentiel à Saint-Denis », *Techniques et Architecture*, n° 351, décembre 1983-janvier 1984 ; Roland Simounet, « La Genèse du projet de Saint-Denis Basilique » (entretien avec Christian Devillers), *Architecture, mouvement, continuité*, n° 14, décembre 1986.
2. Roland Simounet, « La Genèse du projet… », *ibid.*, pp. 54-60.
3. *Roland Simounet, pour une invention de l'espace*, Paris, Electa-Moniteur, 1986.

Roland Simounet
Émile Duhart

Rue de Strasbourg
quartier Basilique, Saint-Denis
Seine-Saint-Denis
1983-1986

Rue intérieure et chevet de la basilique / *Pedestrian route through development, with cathedral apse in background.*

Fenêtres, loggias et faille entre deux immeubles / *Windows, balconies and gap between two buildings.*

L'alignement de la rue de Strasbourg, à gauche, immeuble d'habitation de Bernard Paurd / *Rue de Strasbourg frontage; building on left by Bernard Paurd.*

Cours et traverses / *Courtyards and pedestrian routes within development.*

Le jeu des percements / *Interplay of openings.*

Rue intérieure / *Pedestrian route through development.*

2

Public park, Science and Industry Museum, Public Concert Hall, Musical Instrument Museum and Music School

To link Paris with the suburbs, to reconcile the sciences with the arts, to bring nature closer to the city – these were just a few of the modest ambitions presiding in the 1982 competition for the design of a park at La Villette. The notion of an urban architecture had already come to the fore in an earlier competition organised in 1977, after construction works had been halted on a mind-boggling extension to the old Second-Empire abattoirs, notably in the entries postulating an urban approach based on proven forms which had been submitted by Bernard Huet and Léon Krier.

The first step in the major new building programme at La Villette was to recycle the huge abattoir building for use as a science museum – the *Cité des sciences et de l'industrie* (CSI). Its conversion by Adrien Fainsilber (b. 1932) provides an enormous, gleaming space for the display of experimental sciences. Infinitely adaptable to the twists and turns of research and teaching strategies, the CSI is lit by three huge glass bays designed by a team from Rice-Francis-Ritchie led by Peter Rice, which overlook the gleaming spherical *Géode* containing an Imax cinema.[1]

The device applied to the design of the park by the winner of the competition, Bernard Tschumi (b. 1944) superimposed several formal networks: a grid with neo-Constructivist follies marking its intersections, overlaid by the forms of tree alignments, by the sequential sinuosity of gardens such as those by the landscape designers Alexandre Chemetoff and Gilles Vexlard, and by existing buildings retained on the site ranging from the CSI to the iron-framed *Grande Halle* – the 19th-century cattle-market building, rehabilitated and converted by Bernard Reichen and Philippe Robert. Red metal on green grass: the clash of opposites programmed from the outset is diffracted in surprising configurations, fundamentally changing the very notion of a park.

The *Cité de la musique* is sited on either side of the *Fontaine aux lions*, the fountain which marks the southern entrance to the park, with the new music school *(Conservatoire de musique)* to the west and, to the east, facilities of a more public nature, notably a large concert hall and a museum of musical instruments.

These two architectural events are conceived as two different scores; stone cladding and light are deployed to create rhythmic links which play on chords struck in the intervals between them.

The eighty rooms of the *Conservatoire* are distributed among the four blocks along the Avenue Jean-Jaurès frontage. These contain the four teaching departments, which extend into basement rooms giving onto a cloister and sloping garden. Oversailing the *ensemble* and endowing it with scale, the great undulations of the roof respond to those in the canopy designed by Bernard Tschumi to oversail the covered way forming part of the park. More disparate in scale, the public facilities grouped round the concert hall, with its foyer spiralling like a conch-shell, are also more fractured and porous. Yet they are firmly anchored to an internal street which opens onto the park in a grand crescendo.

J.-L. C.

1. For the various projects proposed for this site, see Alain Orlandini, *La Villette 1971-1995: histoires de projets*, Paris, Somogy, 1999.

Parc, Cité des sciences et de l'industrie, Cité de la musique

La Villette

Réarticuler Paris et la banlieue, réconcilier les sciences et les arts, rapprocher la ville et la nature, telles étaient quelques-unes des « modestes » ambitions du programme préalable au concours de 1982 pour l'aménagement du parc de la Villette. Un premier concours, organisé en 1977 après l'arrêt d'un programme délirant d'extension des anciens abattoirs construits sous le Second Empire, avait vu l'affirmation des idées de l'architecture « urbaine », notamment avec les projets de Bernard Huet et Léon Krier, qui avaient avancé des propositions d'urbanisation utilisant des figures éprouvées.

Le recyclage du grand bâtiment des abattoirs par Adrien Fainsilber (né en 1932) a été le premier épisode de ce chantier important, offrant aux manipulations des scientifiques un grand espace chatoyant et infiniment adaptable aux péripéties de la recherche et aux stratégies pédagogiques, ouvert sur des serres conçues par Peter Rice, auquel se raccorde la sphère étincelante de la Géode, salle de cinéma Imax.[1]

Le dispositif construit dans le parc par le lauréat du concours, Bernard Tschumi (né en 1944), associe plusieurs réseaux de formes : la grille, dont les intersections sont matérialisées par les « Folies » néoconstructivistes, se superpose aux grandes formes des alignements d'arbres, aux sinuosités séquentielles des jardins tels ceux des paysagistes Alexandre Chemetoff et Gilles Vexlard, et aux grands bâtiments préservés sur le site, de la Cité des sciences à la Grande Halle de fer, réhabilitée par Bernard Reichen et Philippe Robert. Métal rouge sur herbe verte, le choc des contraires programmé dès l'origine se diffracte, en définitive, dans des configurations surprenantes, renouvelant fondamentalement la notion même de parc urbain.

De part et d'autre de la fontaine aux Lions marquant l'entrée sud du parc, la Cité de la musique déploie, à l'ouest, le nouveau conservatoire supérieur de musique et, à l'est, un programme plus public comprenant notamment une grande salle de concert et un musée des instruments. Créant dans un vêtement de pierre et de lumière des liens rythmiques entre ces événements architecturaux dans l'enchaînement des parcours les raccordant, la Cité décrit deux partitions différentes.

Les quatre-vingts salles du conservatoire se répartissent selon quatre travées. Les unités d'enseignement regroupées dans autant de plots sur l'avenue Jean-Jaurès sont prolongées par des salles enterrées, ouvertes sur un cloître et un jardin en pente. La grande ondulation de la toiture régnant sur cet ensemble d'ordre urbain répond à celle de la galerie de Bernard Tschumi dans le parc. Les éléments, d'échelle plus hétérogène, assemblés autour de la salle de concert et de la conque de son foyer en spirale forment, quant à eux, un ensemble fractionné et poreux, mais fortement tenu par une rue intérieure qui s'ouvre vers le parc dans un grand crescendo.

J.-L. C.

1. Sur l'ensemble des opérations conduites sur le site, voir Alain Orlandini, *La Villette 1971-1995, histoires de projets*, Paris, Somogy, 1999.

Bernard Tschumi
Adrien Fainsilber
Christian de Portzamparc
Franck Hammoutène

Paris XIXe
1985-1997

La Cité des sciences et les douves / *Science and Industry Museum seen across moat.*

Le conservatoire de musique / *Music School.*

Le parc, la Cité des sciences et la Grande Halle, vus depuis le rond-point des canaux / *Park, Science and Industry Museum and Grande Halle [converted 19th-century market building], seen across confluence of canals.*

Le jardin des Bambous d'Alexandre Chemetoff, Daniel Buren et Bernard Leitner / *Bamboo garden, by Alexandre Chemetoff, Daniel Buren and Bernard Leitner.*

La Géode, jour et nuit / Géode, *by day and by night.*

Fragment de la Géode et de la Cité des sciences / Géode *and Science and Industry Museum, detail.*

Pages suivantes / *following pages:*
La Cité des sciences la nuit, vue du parc / *Science and Industry Museum at night, from park.*

Circulations principales de la Cité des sciences / *Principal circulation routes, Science and Industry Museum.*

La Géode vue depuis la Cité des sciences / Géode, *seen from Science and Industry Museum.*

Galeries permanentes de la Cité / *Science and Industry Museum, galleries exhibiting permanent collections.*

IFREMER
NAUTILE

La cour du conservatoire de musique / *Music School, courtyard.*

Le conservatoire de musique, avenue Jean-Jaurès / *Music School, Avenue Jean-Jaurès frontage.*

Le grand auditorium de la Cité de la musique et l'avenue Jean-Jaurès / *"Music City" from Avenue Jean-Jaurès, concert hall and other music-related public facilities.*

La rue couverte de la Cité de la musique. Exposition *Dans la rue* ; œuvres de Jacques Villeglé, scénographie de Benoît Chalandard et Vincent Saulier / *"Music City," spiralling covered way. Exhibition* Dans la rue ; *installation by Jacques Villeglé, design by Benoît Chalandard and Vincent Saulier.*

Le musée de la Musique / *Musical Instrument Museum.*

Le musée de la Musique / *Musical Instrument Museum.*

La salle d'orgue du conservatoire de musique / *Music School, organ recital room.*

G H I

Intérieur de la Cité de la musique / *"Music City," interior.*

Grand auditorium de la Cité de la musique / *"Music City," concert hall auditorium.*

Cultural Centre

Although not the largest of the *Grands Projets* built in the late 1980s, doubtless the Arab World Institute was inserted into the Parisian townscape with the most delicacy. Hugging the alignments of the long Faculty of Sciences slab block and the curve of the Quai Saint-Bernard, the building is composed of two wings of unequal height which frame a view of the apse of Notre-Dame Cathedral and enfold a square patio. They were designed to house a unique institution, for the Arab World Institute came into being as the outcome of co-operation between France and nineteen Arab-world countries.[1]

Rejecting simplistic mimicry on the one hand and the generic application of mainstream modernist principles on the other, the team assembled by Jean Nouvel (b. 1945) endeavoured to associate this careful handling of the Parisian site with a differentiated approach to lighting, which is a key theme of the building.[2] Meeting spaces, study areas, the museum and exhibition spaces have been assembled like a collection of distinct architectural attractions in which light plays an essential role. Whether it sparkles in a thousand different combinations through the southern facade, where the moving diaphragms represent a technically refined reinterpretation of the geometric patterns used in Islamic countries, or coils around the vertical spiral of the library, or licks against the glass wrapped round the whole building, light provides the setting for the Institute's research activities and debates.

As a vehicle for sharp tensions between shadow and clarity, this undeniable contribution to the Seine-side site and to Ile-Saint-Louis successfully parries the difficulties of inscribing a monumental building of today within the scale of Parisian streets like the Boulevard Saint-Germain. Moreover, the building has provided a new viewpoint over the banks of the Seine with a more distant vista of Notre-Dame, from the roof-terrace which doubles as an observatory. It also demonstrates that contemporary architecture can be absorbed into the Parisian townscape without recourse to traditional materials such as stone and zinc, but using industrial elements and metallic textures. The juxtaposition of the Arab World Institute and Édouard Albert's neighbouring Faculty of Sciences – an unloved building if ever there was one, despite its structural clarity – thus presents an opportunity not only to gauge similarities and differences in the handling of metal construction in the 1960s and the 1980s, but also to appreciate the degree to which subtlety and a sense of place are necessary to its successful acclimatisation. J.-L. C.

1. Hubert Tonka, *Institut du Monde arabe*, Seyssel, Champ Vallon, 1988.
2. On the work of Jean Nouvel before the completion of this building, see Patrice Goulet, *Jean Nouvel*, Paris, Institut Français d'Architecture/Electa-Moniteur, 1987.

Centre culturel

Institut du Monde arabe

L'Institut du Monde arabe n'est pas le plus monumental des grands travaux parisiens de la fin des années 80, mais il est sans doute le plus délicatement inséré dans le paysage urbain de la capitale. Enserrées entre l'alignement de la longue barre de la faculté des sciences et la courbure du quai Saint-Bernard, et inscrites dans un rapport visuel direct avec le chevet de Notre-Dame, les deux ailes d'inégale hauteur du bâtiment se replient autour d'un patio carré. Elles accueillent les programmes d'une institution unique puisqu'elle résulte de la coopération de la France et de dix-neuf pays du monde arabe[1].

Refusant à la fois une approche mimétique simpliste et une application générique des principes de projet de la modernité, l'équipe rassemblée par Jean Nouvel (né en 1945) s'est efforcée d'associer cette attention au site parisien à l'approche différenciée du problème de l'éclairement, véritable leitmotiv du bâtiment[2]. Les lieux de rencontre et d'étude, le musée et les salles d'exposition sont assemblés comme autant d'attractions architecturales distinctes, dans lesquelles la lumière joue un rôle essentiel. Qu'elle chatoie au travers des diaphragmes mobiles de la façade sud aux mille combinaisons, interprétation techniquement raffinée des systèmes d'ornements géométriques utilisés dans les pays islamiques, qu'elle s'enroule autour de l'hélice verticale de la bibliothèque ou qu'elle vienne caresser la glace qui emballe l'ensemble de l'édifice, la lumière met en scène les activités de recherche et les débats de l'Institut.

Support de tensions aiguës entre ombre et clarté, cette contribution incontestable au site de la Seine et de l'île Saint-Louis conjure avec succès la difficulté d'inscrire une architecture monumentale d'aujourd'hui dans le gabarit des percées parisiennes, comme le boulevard Saint-Germain. Par sa terrasse faisant office d'observatoire, le bâtiment a créé d'ailleurs un point de vue nouveau sur les berges et, au loin, sur Notre-Dame. Il démontre donc que l'inscription d'une architecture contemporaine dans le paysage parisien ne suppose pas nécessairement l'utilisation de matériaux traditionnels comme la pierre et le zinc, mais peut passer par des éléments industriels et des textures métalliques. Le face-à-face de l'IMA et de la faculté des sciences d'Édouard Albert, bâtiment mal-aimé s'il en est en dépit de sa clarté structurelle, permet donc non seulement de mesurer ce qui unit et ce qui sépare deux problématiques de la construction métallique à vingt ans de distance, mais aussi de comprendre combien la subtilité et le sens du lieu sont nécessaires à son acclimatation réussie. J.-L. C.

1. Hubert Tonka, *Institut du Monde arabe*, Seyssel, Champ Vallon, 1988.
2. Sur l'œuvre de Nouvel avant l'achèvement du bâtiment, voir Patrice Goulet, *Jean Nouvel*, Paris, Institut français d'architecture, Electa-Moniteur, 1987.

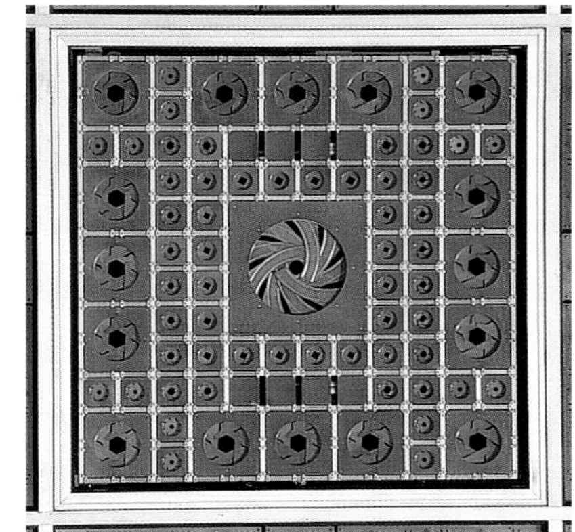

Jean Nouvel
Pierre Soria
Gilbert Lézénès
Architecture Studio

23, quai Saint-Bernard, Paris V^e^
1988

Les diaphragmes de la paroi sud / *Diaphram wall screening south front.*

Panneau à diaphragmes mobiles / *Panel composed of moving diaphrams.*

Pages suivantes / *following pages:*
L'Institut dans le paysage parisien / *Arab World Institute in the Parisian cityscape.*

EGYPTE-EGYPTE

L'Institut et les quais Saint-Bernard et de la Tournelle / *Arab World Institute seen across Seine-side quays [Quai Saint-Bernard and Quai de la Tournelle].*

La terrasse du restaurant et le site de la Seine / *Restaurant roof-terrace overlooking Seine and Notre-Dame Cathedral.*

Murs de verre de la cour / *Opaque glass screening courtyard front.*

Les diaphragmes de la paroi sud, vus de l'intérieur / *South-facing diaphram screen, seen from building interior.*

La galerie du musée / *Museum gallery.*

Salle du conseil / *Council chamber.*

Bibliothèque / *Library.*

Government offices

Sited at a six-degree angle to the historic axis running east-west from Paris, the *Grande Arche* frames the great vista from the capital rather than closing it, to create "a window onto the world" in the words of the architect, Johan-Otto von Spreckelsen (1929-1988).

The *Grande Arche* is flanked by *Collines* (hills), which Jean-Pierre Buffi (b. 1937) was commissioned to design. With the *Grande Arche*, they form part of a development programme which has virtually completed the La Défense district. First envisaged some sixty years ago, notably in connection with two planning competitions, one of them held in 1931 and the other organised by the *Office technique pour l'utilisation de l'acier* (OTUA – Technical Office for the Utilisation of Steel) in 1935, the creation of the new district at La Défense was finally begun with the construction of the *Centre national des industries et des techniques* (the CNIT) in 1958.

Conceived as an empty cube of some 100 x 100 x 100 metres in size, with a structure of four lateral pre-stressed portals carried on twelve piles placed to avoid the intricate subterranean railway network buried beneath the pedestrian deck at La Défense, the *Grande Arche* is composed of two blade-like legs with a white Carrara marble cladding, linked at the top by a three-storey deep cross-member or plateau. Von Spreckelsen's initial concept was translated into built form in collaboration with the chief architect to the *Aéroports de Paris*, Paul Andreu (b. 1938).[1]

Office accommodation occupied mainly by the Ministry of Public Building and Works is contained in the two "legs," while the plateau on top, with its belvedere overlooking Paris, was allocated initially to the *Arche de la fraternité* – a Rights of Man and human sciences foundation set up by Danielle Mitterrand. Enclosed by the flight of white steps, a space used for temporary exhibitions occupies the podium, as does the pedestrian route from the *Grande Arche* to the Regional Express Railway (RER), *métro* and tramway connecting Défense to the rest of the world.

The great void between the two office slabs of the *Grande Arche* is enlivened by "Clouds" – a fabric and steel tension structure designed by the engineer Peter Rice, and the steelwork supporting the vertical circulation provided by panoramic lifts. The two major technological trends of 20th-century architecture are thus represented at the *Grande Arche* by the radical contrast between the massive concrete frame and slender steel cables: sheer mass versus the diaphanous.

J.-L. C.

1. Johan-Otto von Spreckelsen and Paul Andreu, *La Grande Arche de La Défense*, Paris, Éditions du Demi-Cercle, 1989.

Édifice public

La Grande Arche

Inclinée de six degrés par rapport à l'axe historique traversant Paris d'est en ouest, la Grande Arche cadre, plus qu'elle ne la clôt, la grande perspective de la capitale, en ouvrant, ainsi que l'affirme son architecte Johan-Otto von Spreckelsen (1929-1988) « une fenêtre sur le monde ».

Les « collines » bordant l'Arche, confiées à Jean-Pierre Buffi, sont associées à l'Arche dans un programme de construction venant pratiquement achever l'aménagement du quartier de La Défense, envisagé depuis une soixantaine d'années, notamment lors d'un grand concours d'urbanisme organisé en 1931, puis lors du concours de l'OTUA en 1935 et engagé lors de la construction du Centre national des industries et des techniques en 1958.

Cube évidé d'une centaine de mètres d'arête, dont la structure est constituée par quatre cadres en béton précontraint fondés sur douze piles traversant l'enchevêtrement des réseaux ferroviaires enfouis dans le sous-sol de La Défense, l'Arche se compose de deux immeubles lamellaires revêtus de marbre blanc de Carrare, reliés par un plateau de trois étages d'épaisseur. Elle a été mise en œuvre en collaboration par Spreckelsen et Paul Andreu, par ailleurs architecte en chef d'Aéroports de Paris[1].

Des bureaux accueillant, notamment, le ministère de l'Équipement occupent les côtés, alors que la partie supérieure, balcon surplombant Paris, était initialement réservée à l'Arche de la Fraternité, fondation pour les droits de l'homme et les sciences de l'humain créée par Danielle Mitterrand. Enveloppé dans un grand escalier blanc, le socle du bâtiment accueille des expositions temporaires et connecte l'Arche au Réseau Express Régional reliant La Défense au reste du monde.

L'espace séparant les deux piliers est couvert par la fine résille des « nuages » d'acier et de toile conçus par l'ingénieur Peter Rice. Dans leur opposition radicale, le cadre de béton de l'Arche et le treillis des circulations verticales mettent en scène la confrontation des deux grandes orientations technologiques de l'architecture du XXe siècle : matière lourde contre réseau diaphane.

J.-L. C.

1. Johan-Otto von Spreckelsen, Paul Andreu, *La Grande Arche de La Défense*, Paris, Éditions du Demi-Cercle, 1989.

Johan-Otto von Spreckelsen
Paul Andreu

Esplanade de La Défense
Puteaux, Hauts-de-Seine
1989

L'Arche et l'avenue du Général-de-Gaulle traversant Neuilly / *Arch seen on axis of Avenue Général-de-Gaulle, from Neuilly.*

Fragment de la façade intérieure / *Inside face of Arch, detail.*

Pages suivantes / *following pages:*
L'Arche et la place de La Défense au crépuscule / *Arch seen across Place de La Défense, in twilight.*

Les «nuages» et l'ascenseur / *"Clouds" and panoramic lifts.*

Les «nuages» vus depuis l'entrée du ministère de l'Équipement / *"Clouds", from Ministry of Public Buildings and Works entrance foyer.*

L'accès au socle de l'Arche / *Entrance to accommodation in base plinth.*

Museum

Unlike any of the other Parisian grand projects *(Grands Travaux)*, President François Mitterrand decided the architect for the *Grand Louvre* should be appointed in the absence of any kind of architectural competition. No doubt the Chinese-American architect Ieoh Ming Pei (b. 1917) was chosen on the strength of his successful East Wing extension to the National Gallery in Washington.[1] The creation of the *Grand Louvre* was highly complex and by no means confined solely to the Pyramid in the middle of the *Cour Napoléon* [a centre it never had before].

The Pyramid acts as a periscope providing light and views for an immense underground structure which has at long last united the system of linear galleries created over the centuries in buildings surviving from, or added to, the Louvre and Tuileries palaces.[2] Moreover, as the result of extensive archaeological digs undertaken before the present building works were begun, not only were major phases of the site's earlier architectural history discovered, like the spectacular survival beneath the *Cour Carrée* of the Philippe-Auguste fortress begun in the 12th century, but also vestiges of the Charles V city ramparts and irreplaceable traces of everyday life in Renaissance and Classical Paris.

New public facilities have been provided below ground level, including a new public reception area, sales area and auditorium for the museum and parking space for the tourist coaches which used to clutter up the Seine quaysides. The museum has also taken over the part of the Louvre vacated by the Finance Ministry when it moved into new premises purpose-built to designs by Paul Chemetov and Borja Huidobro at Bercy (Paris 12e). New exhibition galleries for paintings have been created in the vacated building and its inner courtyards have been roofed over with delicate glass and metal structures to create display areas for sculpture.

So, in addition to modernising the existing Louvre museum, the project entailed creating a complex group of departments, rationalising access routes to them, updating their back-up services and uniting them by the provision of new central spaces. The interior design and furnishing of these departments and accessways differ, as a number of designers were appointed to take charge of them, following a series of limited competitions. The outcome of this delicate interweaving of architectural aesthetics, which are sometimes at odds with one another, is that the world's largest museum complex has at last acquired a spatial envelope compatible with the wealth of its collection.[3] The reception accorded to these transformations by a much larger public confirms the success of the venture.

The Louvre museum was already interlinked with the city. Facing the church of Saint-Germain-l'Auxerrois to the east, the Louvre's great 17th-century portico was accessible beyond the moat re-excavated at the behest of André Malraux, President de Gaulle's Minister of Culture. To the south, the *Pont des Arts* – the early 19th-century iron footbridge rebuilt over the Seine – provided access from the Left Bank. But only the opening up of a passageway towards the Palais Royal and the *métro* could make sense of a pyramid built with a luxurious precision uncommon in Paris. Its materials reflect the image of a centuries-old narrative told in stone, in which the history of Paris and its builders remains inscribed. J.-L. C.

1. Bruno Suner, *Ieoh Ming Pei*, Paris, Hazan, 1988.
2. Jean-Claude Daufresne, *Louvre & Tuileries, architectures de papier*, Brussels & Liège, Pierre Mardaga, 1987.
3. Émile Biasini et al., *Le Grand Louvre, métamorphose d'un musée 1981-1993*, Paris, Electa-Moniteur, 1989 (English-language edition: *The Grand Louvre: a museum transfigured*, same publisher, same date).

Musée Le Grand Louvre

Commandé directement par François Mitterrand à l'architecte sino-américain Ieoh Ming Pei (né en 1917), selon un processus exceptionnel pour les « grands travaux » parisiens, sans doute dû au succès de l'East Wing de la National Gallery de Washington[1], la création du Grand Louvre est une opération complexe, qui ne se résume nullement à la seule pyramide rendant à la cour Napoléon un centre qu'elle n'avait, d'ailleurs, jamais eu…

La pyramide fait office de périscope, apportant vue et lumière à une gigantesque structure enfouie, qui unifie enfin le système des galeries linéaires dont l'assemblage au fil des siècles a constitué l'ensemble Louvre-Tuileries[2]. L'importance des chantiers de fouilles archéologiques ouverts en préalable aux travaux aura d'ailleurs permis de retrouver non seulement des traces importantes de l'architecture monumentale antérieure, comme la spectaculaire forteresse de Philippe-Auguste construite à partir du XIIe siècle, située sous la cour Carrée, mais aussi des vestiges de l'enceinte de Charles V et des témoignages irremplaçables sur la vie quotidienne dans le Paris de la Renaissance et du Classicisme.

Pour ce qui est des équipements communs, le musée investit les sous-sols, où sont situés les espaces d'accueil et de vente, l'auditorium, mais aussi les garages des autocars qui envahissaient les quais. Il occupe aussi les galeries libérées par le départ du ministère des Finances, transféré à Bercy dans le bâtiment réalisé par Paul Chemetov et Borja Huidobro. De nouvelles salles sont ainsi offertes aux collections de peinture, tandis que les cours, couvertes de fines mailles de métal, accueillent les sculptures.

Plus que moderniser le Louvre existant, il s'est donc agi de créer un ensemble complexe de départements, rationalisés dans leurs accès, requalifiés quant à leurs services et unifiés par les espaces centraux. Départements et distributions ont fait l'objet de traitements architecturaux et d'aménagements mobiliers différenciés, programmés au moyen d'une série de consultations de concepteurs. C'est au prix de ce tressage délicat d'esthétiques architecturales parfois contradictoires que le plus grand complexe muséographique du monde a enfin trouvé une enveloppe spatiale à la mesure de ses richesses[3]. L'accueil réservé à ces transformations par un public beaucoup plus nombreux confirme la réussite de ce pari.

L'articulation du complexe muséal avec l'espace urbain était déjà assurée par les vestibules donnant, à l'est, sur Saint-Germain-l'Auxerrois, au-dessus des douves creusées par décision d'André Malraux et, au sud, sur une passerelle des Arts reconstruite. Mais seule l'ouverture d'un passage vers le Palais-Royal et une circulation raccordant le musée au métro pouvaient donner son sens à une pyramide dont les matériaux, assemblés avec un luxe de précision inhabituel à Paris, réfléchissent l'image d'un récit de pierre séculaire, dans la blondeur duquel l'histoire de la capitale et de ses bâtisseurs reste inscrite.

J.-L. C.

1. Bruno Suner, *Ieoh Ming Pei*, Paris, Hazan, 1988.
2. Jean-Claude Daufresne, *Louvre et Tuileries, architectures de papier*, Bruxelles & Liège, Pierre Mardaga, 1987.
3. *Le Grand Louvre, métamorphose d'un musée, 1981-1993*, Paris, Electa-Moniteur, 1989.

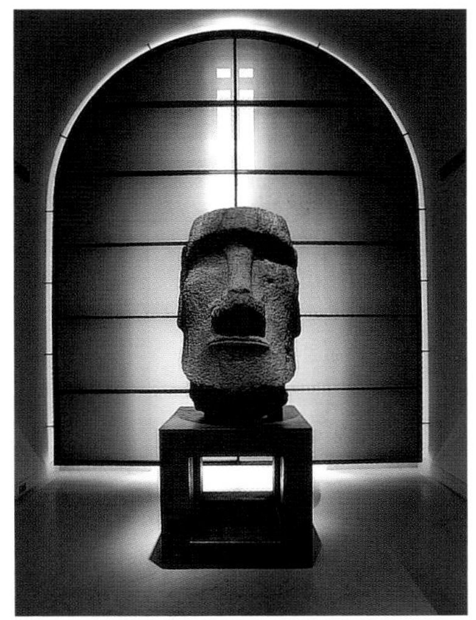

Ieoh Ming Pei
Michel Macary
Italo Rota, Yves Lion
Jean-Michel Wilmotte

Rue de Rivoli, quai des Tuileries
Paris Ier
1989-2000

La cour de Marly / *Cour de Marly [new sculpture court].*

Présence de la collection du musée des Arts et Civilisations / *Element signalling presence of Arts and Civilisations Museum collection.*

Pages suivantes / *following pages:*
La pyramide au crépuscule / *Pei pyramid in twilight.*

La pyramide, la nuit / *Pei pyramid at night.*

Transparence sur le musée depuis le niveau de l'accueil / *Museum seen through glazing of Pei pyramid, from new entrance foyer.*

Les vestiges du Louvre de Philippe-Auguste / *Remains of fortress begun by Philippe-Auguste in 12th century.*

L'escalier hélicoïdal sous la pyramide / *Spiral staircase beneath Pei pyramid.*

Escalier de la porte aux Lions / Porte aux Lions *staircase.*

Galerie égyptienne / *Egyptian gallery.*

Salle des arts d'Afrique, d'Asie, d'Océanie et d'Amérique, pavillon des Sessions / *African, Asian, Oceanic and American Arts galleries, Pavillon des Sessions.*

Galerie égyptienne, collection du musée des Arts et Civilisations / *Egyptian gallery, Arts and Civilisations Museum collection.*

Private house

Slipped with miraculous tenacity among large opulent villas with Anglo-Norman or Biscayan-Pyrenean touches, an assemblage of hard-edged prisms overlooks the Bois de Boulogne and the distant outline of Paris. But let there be no mistake: incongruous though it may be in a suburban middle-class setting reminiscent of a sea-side resort, this house marks a revival – for over the past half century, modern architecture had practically died out in the design of houses for private clients in France.

The house occupies a narrow 650 sq. m site sloping sharply to the east, where any conventional form of building would have been ruled out by stringent planning regulations. As there was no way round the legal restrictions disallowing the provision of any windows directly overlooking neighbouring land, Koolhaas opted from the outset to break with the conventional distribution of Parisian houses, or at any rate he appeared to do so. A double L-plan was the logical way to exploit the meagre street frontage and to open the house to the garden at the rear, while also deploying the two lower floor levels to make full use of the strictly limited building plot conceded by law. The result is a kind of inverted house, narrow at the base and spreading outwards towards the top, which opens up increasingly to the sides and to the sky.

This upward development of the house towards the roof-terrace is not restricted only to the envelope; it solves the problem of the swimming pool. As it could not be located at ground level, the splayed pool was placed on the roof where it forms part of the vista over Paris, so the structure of the house is something like that of a water tower. It is carried on a row of reinforced concrete columns and two hollow posts, around which other volumes rest on their own slim supports. This asymmetrical structure is revealed externally only grudgingly, so the rear elevation appears to float above the ground like a metal-clad version of Le Corbusier's Villa Savoye. When seen from certain angles, the vertical trunk of an old tree seems to be part of the supporting structure and takes on the appearance of a natural prop.

Shaped in part by playing on forbidden views defined by town planning regulations, the house is also defined by views in a positive way, notably by views of the exterior and through the depth of the interior. These views are tangential initially: seen from the street entrance, the large expanse of translucent glazing on the ground storey confronts the suburban textures of the neighbouring house with a tranquil reflection. From the entrance hall – a place for contemplation from which a separate route leads to the children's room – one proceeds to the principal floor both by means of a ramp and a spiral staircase: another reference to the Villa Savoye is evident here. Three linear spaces are thus interlinked: the slow entrance sequence up the ramp wedged against the north wall, the intermediate space constituted by the kitchen, which extends the full length of the built-in fitting enclosing the row of load-bearing columns, and lastly the living room, which gives onto the garden via long sliding glazed panels. Upstairs, the void left by the swimming pool separates two bedrooms which are linked by a ship's gangway. Bedroom window bays give tangential views of the main body of the building.

The principles underlying the spatial composition of the Villa Dall'Ava derive, no doubt, from work by Le Corbusier and Mies van der Rohe – notably at the Villa Tugendhat. Yet whether he did so consciously or not, Rem Koolhaas has also revived the vertical distribution of the Parisian town house and classical palaces, with the lower floor being given over to services, reception space on a *piano nobile* giving onto a garden, and more intimate spaces on upper floors. The clients, who were practically the first in France since 1940 to have decided upon modern architecture for their private house, benefit from a quality of spaces, materials and textures which not only represent the legacy of an idea, but also a living environment which the choice of an architect as intellectually refined as Koolhaas by no means guaranteed in advance.[1]

J.-L. C.

1. Rem Koolhaas, *S, M, L, XL*, New York, The Monacelli Press, 1995, pp. 130-196.

Maison particulière

Villa Dall'Ava

Glissé par un miracle de ténacité entre de grandes villas cossues aux accents anglo-normands ou basco-béarnais, un assemblage de prismes aux arêtes aiguës surplombe le bois de Boulogne et la silhouette lointaine de Paris. Mais qu'on ne s'y trompe pas : incongrue dans cet horizon bourgeois et presque balnéaire, cette maison marque le renouveau d'une architecture moderne de l'habitation individuelle pratiquement disparue en France depuis un demi-siècle.

La maison occupe un terrain étroit de 650 mètres carrés, descendant en pente vers l'est et sur lequel une application stricte des règlements aurait interdit toute construction conventionnelle. Incontournable, l'impossibilité légale d'ouvrir des vues directes sur les parcelles adjacentes a d'emblée amené Koolhaas à rompre, en apparence tout du moins, avec les distributions traditionnelles de l'habitation parisienne. Une configuration en double L était la solution logique permettant d'exploiter le maigre linéaire de façade sur la rue et l'ouverture sur le jardin de l'arrière, tout en laissant les deux niveaux bas occuper l'emprise étroite concédée par la loi. Une sorte de maison inversée en résulte, étroite à sa base et se dilatant vers le haut en s'ouvrant de plus en plus vers les côtés et vers le ciel.

Cette croissance de la maison vers la terrasse n'est pas qu'un mouvement de son enveloppe, mais correspond à une solution du problème de la piscine, qu'il était impossible d'implanter en pleine terre. Son bassin trapézoïdal est donc situé en toiture, où il est inscrit dans la grande vue sur Paris. La structure de la maison est donc celle d'une sorte de château d'eau, portée par une rangée de colonnes de béton armé et deux poteaux creux, autour desquels les autres volumes reposent sur des supports ponctuels minces. De l'extérieur, cette structure asymétrique ne se révèle qu'avec regret et la façade postérieure semble flotter au-dessus du sol telle celle d'une villa Savoye habillée en métal. Sous un certain angle, l'appui que semble donner le tronc vertical d'un vieil arbre fait figure de béquille naturelle.

Modelé en partie par le jeu des vues interdites par le règlement d'urbanisme, l'espace de la maison est aussi défini, mais en positif cette fois, par les vues sur l'extérieur et sur la profondeur intérieure. Ces vues sont tout d'abord tangentielles : vu de l'entrée sur la rue, le grand pan de verre translucide du rez-de-chaussée oppose un reflet tranquille aux textures suburbaines de la maison voisine. Depuis le hall d'entrée, lieu de recueillement permettant de desservir de façon autonome la chambre d'enfants, l'on accède au niveau principal à la fois par une rampe et par un escalier hélicoïdal : la référence à la villa Savoye s'impose ici encore... Trois espaces linéaires sont ainsi conjugués : la séquence d'entrée lente par la rampe, calée contre le mur du nord ; le lieu médian que constitue la cuisine, qui se prolonge le long du meuble enveloppant la file des colonnes porteuses ; enfin, le séjour communiquant avec le jardin par de longues verrières coulissantes. À l'étage, le vide de la piscine sépare les deux chambres, reliées par une coursive de bateau. Les baies des chambres offrent des vues fuyantes sur le corps de bâtiment principal.

Les principes de constitution des espaces de la villa Dall'Ava l'apparentent sans doute aux recherches d'un Le Corbusier ou à celles d'un Mies van der Rohe, notamment à la villa Tugendhat. Mais, qu'il en ait conscience ou non, Rem Koolhaas a aussi reconduit le découpage vertical de l'hôtel particulier parisien ou des palais classiques, affectant le soubassement aux services, le *piano nobile* à des espaces de réception articulés sur le jardin et les superstructures à la vie intime. Par sa qualité d'espace, de matière et de texture, elle a permis à ses clients, pratiquement les premiers Français depuis 1940 à faire le choix d'une architecture moderne pour une habitation individuelle, d'hériter non d'une idée mais bien d'un lieu de vie qu'un architecte aussi raffiné intellectuellement que Koolhaas ne garantissait nullement *a priori*[1]. J.-L. C.

1. Rem Koolhaas, *S, M, L, XL*, New York, The Monacelli Press, 1995, pp. 130-196.

Rem Koolhaas

Saint-Cloud, Hauts-de-Seine

1991

La «forêt» des supports métalliques / *"Forest" of structural columns.*
Angle de la villa sur le jardin arrière / *Garden elevation, corner detail.*

La piscine / *Roof-top swimming pool.*

Le corps principal vu depuis une chambre / *Main body of house seen from a bedroom.*

La piscine et la silhouette de Paris / *Roof-top swimming pool with distant views over central Paris.*

Façade sur le jardin arrière / *Garden front.*

Le séjour et le jardin arrière / *Living room and back garden.*

Vue en profondeur du rez-de-chaussée vers l'entrée / *Vista through ground storey, towards entrance.*

PREMISES

Vue en profondeur du rez-de-chaussée vers le jardin arrière / *Vista through ground storey towards garden.*

Le couloir longitudinal vers l'entrée et vers le jardin arrière / *Longitudinal corridor to entrance and to garden.*

Housing development

In Paris, the return of the courtyard typology was marked in a resounding manner in the early 1990s by this low-cost housing development by Renzo Piano and Bernard Plattner. The large courtyards in Parisian housing developments built by philanthropic organisations in the late 19th and early 20th centuries were cited by the architects as one of their references.[1] Not only had the era of optimistic discourse on housing composed of towers and slab blocks well and truly come to an end, but the virulent rejection of the courtyard by upholders of the "Modern Movement" was itself in the process of being forgotten, too.[2]

In France, as elsewhere in Europe, courtyard buildings are now flourishing again, often at the behest of residents who appreciate this type of housing. It provides the means to hone the hierarchical progression of public, intermediate and private spaces, to define ways through them and to multiply their uses.[3] Yet no theorisation about the return of the courtyard had been produced by any of the architects who were reviving the typology. Can it have ceased to be anti-hygienist? Are we better equipped to deal with the problems posed by the lack of sunlight and by overlooking? Are the reasons for its revival solely associated with its advantages as a link to the street and the city, or with its potential urban uses and its capacity to create alternative forms of neighbourliness?

Two narrow blocks and two slab blocks, five and six storeys in height and oriented north-east and south-west, were deployed here by the architects to enclose a large rectangular courtyard 25 m x 60 m in size; planted with silver birch trees and landscaped to designs by Michel Desvigne, it communicates with the street via two 3 m-wide slits. The elevations were much commented upon and favourably received by critics. Gridded and highly graphic, they are composed of prefabricated panels with fifty different variants consisting of glass reinforced concrete (GRC), glass bricks and hook-on terra cotta components something like large mathematical tiles. They play simultaneously on the unity of materials and of the design: glass bricks and sun breakers *(brise-soleil)*, solids and voids give each building its scansion, while playing too on diversity, for each building is defined by its means of circulation, its openings, its height and its location.

The wish to create a space with a strong identity of its own which is both autarkical and original by comparison with its neighbours, is evident. The design team seem to have wanted to create a domestic monument with a powerful configuration which would acknowledge the residents and unite them. Although classed as "subsidised housing," it patently resembles a *residence*, even if the very attractive courtyard planted with silver birch trees serves primarily as a *tableau* to look at and a place to pass through.

In single-storey and two-storey apartments, numerous bedrooms give onto the central courtyard – a calm, intimate space where no provision has been made for children to play. Designing dual-aspect living rooms remains difficult in housing with limited floor areas, yet some have been provided in this development. The layouts of the dwellings vary, depending on their position. Most have a terrace or a recessed balcony and many face in more than one direction. Particular care was taken to overcome the problems of low daylight levels as well as overlooking on the ground storey. The solution adopted was to make these units into studio-workshops with double-height facades of sanded glass. Glazed panels were specially designed to conform with thermal insulation standards.

In the numerous articles this development inspired architectural critics to write, attention focused mainly on the materials and especially the innovatory hook-on terra cotta tiles, these being discussed mainly in terms of their technical performance even though it is the terra cotta that gives the buildings their warm appearance and recalls the forgotten colours of working-class Paris. Only one critic noted the desire to re-read and modernise an established typology and spoke of "pink inter-war low-cost housing with high-tech bodywork."[4] M. E.

1. Renzo Piano and Bernard Plattner, "Rue de Meaux," *Le Moniteur-AMC*, No. 27, December 1991.
2. Monique Eleb, "L'Immeuble à cour, lendemains d'éclipse", in Pierre Gangnet [editor], *Paris, côté cours. La ville derrière la ville*, Paris, Picard/Pavillon de l'Arsenal, 1998, pp. 80-89.
3. Monique Eleb and Cristiana Mazzoni, *Fenêtre sur cour, le retour*, Paris, Laboratoire ACS, 1996, [research paper], published in Japanese, Tokyo, GAEA/Chiba University.
4. Jean-Claude Garcias, "Deux Toiles italiennes dans l'est parisien", *L'Architecture d'aujourd'hui*, No. 283, October 1992, pp. 92-97.

Ensemble d'habitations

Rue de Meaux

Cet ensemble de logements sociaux de Renzo Piano et Bernard Plattner marque d'une façon éclatante, au début des années 90, le retour de l'immeuble à cour à Paris. Les architectes annoncent leur référence à l'immeuble à grande cour des fondations philanthropiques au tournant du siècle dans la capitale [1]. En effet, si l'époque des grands discours optimistes sur une architecture de l'habitation composée de barres et de tours est passée, le refus violent de la cour des tenants du « Mouvement moderne » est lui aussi en passe d'être oublié [2].

En France, comme en Europe, les immeubles à cour refleurissent actuellement, souvent plébiscités par des habitants qui apprécient les qualités de ce type d'habitat. Il permet de hiérarchiser finement la progression des espaces, privés, publics, intermédiaires, de qualifier les cheminements et de multiplier les usages [3]. Mais aucune théorisation de ce retour de la cour n'a été élaborée par les architectes qui y ont recours. Ne serait-elle plus désormais anti-hygiénique ? Saurait-on mieux résoudre aujourd'hui les questions d'ensoleillement et de vis-à-vis ? Les raisons de son retour sont-elles liées à sa seule qualité de lien avec la rue et la ville ou à son potentiel d'urbanité, à sa capacité de créer d'autres rapports de voisinage ?

Les architectes regroupent ici deux plots et deux barres de cinq et six étages orientées nord-est, sud-ouest, délimitant une grande cour rectangulaire de 25 mètres par 66, plantée de bouleaux, dessinée par le paysagiste Michel Desvigne, mise en communication avec la rue grâce à deux « fentes » de trois mètres de largeur. Les façades, tramées et très graphiques, qui ont suscité les commentaires et l'admiration des critiques, sont constituées de panneaux préfabriqués de cinquante types différents, combinant le béton de fibres de verre avec des briques de verre et des éléments de terre cuite agrafées. Piano et Plattner jouent à la fois sur l'unité des matériaux et des dessins : briques et brise-soleil, pleins et vides qui scandent chaque bâtiment, mais aussi sur la diversité puisque chaque immeuble est qualifié par son mode de circulation, ses ouvertures, sa hauteur et sa position.

L'idée de créer un espace à forte identité, qui se veut autarcique et original par rapport à son environnement, est renforcée par la multiplication des systèmes de protection depuis les caves jusqu'au logement. L'équipe semble avoir voulu créer un monument domestique qui, par sa forte configuration, devient une entité autonome. Il qualifie ses habitants et les unit : ils sont de là et définis par là. La création d'une unité de voisinage, la très grande reconnaissance de la qualité de l'opération accentuent ce sentiment d'appartenance à une communauté valorisée par son habitat. Bien que l'opération soit à classer dans la catégorie du « logement aidé », l'aspect de résidence est patent, même si la très belle cour plantée de bouleaux est d'abord un tableau à regarder et un lieu de passage sans possibilité de s'y asseoir ou de jouer.

Dans les appartements simplex et duplex, de nombreuses chambres à coucher sont orientées vers la grande cour centrale, espace d'intimité et de calme, du fait notamment que celle-ci ne dispose d'aucun lieu prévu pour les jeux des enfants. On trouve dans cette opération un séjour traversant dont la conception reste un exploit dans les logements de surface restreinte. Cependant, le séjour est quelquefois aussi pôle de distribution, ce qui est moins positif, et assez rare encore dans la production du logement, car il devient alors un espace de circulation ouvrant sur une des chambres voire sur toutes les autres pièces.

Terrasses ou loggias agrémentent la plupart des logements aux configurations différenciées selon leur position, mais qui bénéficient le plus souvent de plusieurs orientations. Ceux du rez-de-chaussée ont été particulièrement étudiés pour compenser le manque de lumière et les problèmes d'intimité. La solution de l'atelier à grande façade au vitrage sablé et en duplex a été retenue. Les panneaux de verre respectant la réglementation thermique ont nécessité de minutieuses mises au point.

Dans l'abondante littérature critique que cette opération a inspirée, la plupart des commentaires se centrent sur les matériaux employés, en particulier sur le procédé novateur de la brique agrafée, relevé essentiellement pour ses performances techniques, alors que c'est à la terre cuite que les immeubles doivent leur aspect chaleureux, écho des tonalités oubliées du paysage du Paris populaire. Seul un critique remarquera la volonté de relire et de moderniser un type consacré et parlera de « HLM roses carrossées techno [4] ». M. E.

Renzo Piano
Building Workshop
Michel Desvigne

Rue de Meaux, Paris XIXe
1991

Entrée sur la cour / *Building entrance reached via courtyard.*

Les brise-soleil de la façade sur la cour / *Sun-breakers* (brise-soleil), *courtyard frontage.*

1. Renzo Piano, Bernard Plattner, « Rue de Meaux », *Le Moniteur AMC*, n° 27, décembre 1991.
2. Monique Eleb, « L'Immeuble à cour, lendemains d'éclipse », *in* Pierre Gangnet (dir.), *Paris, côté cours. La ville derrière la ville*, Paris, Picard/Pavillon de l'Arsenal, 1998, pp. 80-89.
3. Monique Eleb, Cristiana Mazzoni, *Fenêtre sur cour, le retour*, Paris, Laboratoire ACS, 1996 (rapport de recherche) ; en japonais : Tokyo, GAEA/Université de Chiba.
4. Jean-Claude Garcias, « Deux Toiles italiennes dans l'est parisien », *L'Architecture d'aujourd'hui*, n° 283, octobre 1992, pp. 92-97.

L'ensemble et l'alignement de la rue de Meaux / *Rue de Meaux frontage.*

La cour et les bouleaux / *Courtyard, with silver birch trees.*

Pages suivantes / *following pages:*

Une façade sur cour et le filtre des bouleaux / *Courtyard frontage screened by silver birch trees.*

Une loggia et la vue sur la cour / *Courtyard seen from a private terrace.*

Un séjour au rez-de-chaussée / *A ground-storey apartment.*

Un séjour / *A living room.*

KANDINSKY

Stadium, sports centre and offices

Between the *Cité Universitaire* campus and inter-war low-rent housing spreading down the slope towards the *Poterne des Peupliers* and the Bièvre valley, this development sited on land formerly occupied by the 1840s fortifications belongs to a new generation of projects seeking to form links between Paris *intra muros* and the inner suburbs. This knotty cityscape problem had already been tackled by the Gaudins, albeit to meet a more straight-forward brief, with their 1989 building for the City of Paris Archives at the *Porte des Lilas*.

Henri Gaudin's penchant for assembling diverse forms could have found no better outlet than the mix of facilities required here: a large athletics stadium with seating for twenty thousand spectators, premises for various other sports and office accommodation. Initially delayed for political reasons – housing envisaged in the initial scheme had to be omitted so that some existing trees could be saved – this development forms part of a new generation of sporting facilities on the former military land encircling Paris, like the Judo Institute at the *Porte de Châtillon* further to the west.[1]

Henri Gaudin (b. 1933) worked in partnership with his son Bruno (b. 1959) on this project. Long fascinated by the lyrical quality of the fissures, joints and folds in Parisian architecture, Gaudin père has never ceased to examine the interrelationships between forms in syntactic explorations of ever increasing complexity, using, according to one of his favorite statements a "vocabulary of the rift, scar, gap, interruption, blank" which sometimes derives from modest and fast-disappearing Parisian architecture.

Here, resources of a different order have been deployed. Basically, the project juxtaposes the two major metaphors upon which French architecture has been founded for the past two centuries: that of the organism – as represented by the skeleton and membranes of the stadium, and the machine – in this case the ocean liner, which the Gaudins have revived in a manner totally different from such earlier incarnations as the 1931 Salvation Army Hostel by Le Corbusier & Pierre Jeanneret.

In the stadium, the Gaudins have resolved the question of sightlines brilliantly by splitting the seating into two distinct tiers. While the lower tier is supported on a conventional post and beam structure, the upper tier is cantilevered off reinforced concrete buttress piers and restrained by steel components, with the interplay between elements in tension and compression being as clearly legible as an anatomical diagram. Four inclined lighting masts serve as urban signals. Their outline is particularly clean-cut as their cylindrical shafts contain the maintenance access stairs. Similarly, rainwater downpipes are housed within the hollow buttress-piers supporting the grandstand. The structure therefore retains a degree of visual purity.[2]

Thanks to lateral openings beneath the encircling roof and the "porosity" of the grandstands, the stadium avoids the closed-in feeling induced by other self-contained stadia. Far from presenting an autonomous volume floating above the ground, it responds to the undulations of the site and is connected to other elements of the development. For instance, the Paris University Club multi-sports arena beneath its lead-coated stainless steel roof is directly accessible from the stands in the stadium.

Offices for the *Maison du Sport Français* stretch out at right angles to the multi-sports arena. The naval theme, recurrent in Gaudin's work since his 1977 school building at Souppes-sur-Loing, is present here: externally, a tapering prow emphasized by sun-screens *(brise-soleil)* is continued by a hull-like elevation with numerous window bays, while sycamore joinery endows the interior with the warmth of an old sailing ship wardroom. The differentiation of the architectural vocabulary is similarly reflected by way the field of vision is handled. Panoramic views of the stadium landscape are conditioned by the sublime contrast between the buttress-piers and the horizontal plane of the turf. The eye is drawn to the surrounding cityscape with its picturesque variety of buildings which seem to revive memories of the pre-Second World War shanty-town which grew up on *the zone non aedificandi* immediately outside the 1840s fortifications. J.-L. C.

1. Jean-Christophe Bailly et al., *Le stade Charléty, Henri et Bruno Gaudin,* Paris, Éditions du Demi-Cercle, 1994.
2. Jean-Pierre Ménard, "Stade Charléty," *Le Moniteur-AMC,* No. 54, September 1994, pp. 24-28; Frédéric Mialet, "Gaudin, premier stade," *D'Architectures,* No. 29, October 1992, pp. 24-26; Marie-Jeanne Dumont, "Stade Charléty, entre épaulements et articulations," in *L'Architecture d'aujourd'hui,* No. 269, June 1990, pp. 124-131.

Stade et Maison du sport français

Charléty

Entre les pavillons de la Cité universitaire et les habitations à bon marché descendant vers la poterne des Peupliers et la vallée de la Bièvre, cette opération appartient à une nouvelle génération de projets réalisés sur l'emprise des anciennes fortifications de Thiers, qui tendent désormais à tisser des liens bâtis entre Paris *intra-muros* et la première couronne. Les Archives de Paris, des mêmes architectes, achevées en 1989 à la porte des Lilas, abordaient déjà ce délicat enjeu paysager mais avec un programme plus simple.

L'affection d'Henri Gaudin pour les accouplements de formes hétérogènes ne pouvait trouver meilleur support qu'un programme imposant la conjugaison du volumineux objet qu'est un stade de compétitions d'athlétisme, accompagné de tribunes pour 20 000 spectateurs et d'un ensemble de locaux sportifs et de bureaux. Programme un temps bloqué pour des raisons politiques – la conservation des arbres existants sur le terrain imposera la suppression des logements prévus initialement – l'ensemble participe d'une nouvelle génération d'opérations à vocation sportive, comme l'Institut du judo situé plus à l'ouest sur la ceinture, à la porte de Châtillon[1].

Observateur lyrique des fissures, des jointures et autres lignes de pliure de l'architecture parisienne, Henri Gaudin (né en 1933), associé dans cette opération à son fils Bruno (né en 1959), n'a cessé de se poser la question du dialogue des formes, explorant des syntaxes sans cesse plus complexes, en faisant appel à un « vocabulaire de la faille, de la cicatrice, de l'écart, de l'interruption, du blanc », parfois tiré d'une architecture parisienne mineure en voie de disparition.

Les sources sont ici d'un autre ordre, car les deux grandes métaphores sur lesquelles se fondent l'architecture des deux derniers siècles sont au fond accouplées dans le projet : celle de l'organisme, que le squelette et les membranes de la structure du stade illustrent, et celle de la machine, ici le paquebot, sur laquelle les architectes reviennent de façon radicalement différente par rapport aux épisodes antérieurs comme la Cité de refuge.

Avec le stade, Henri et Bruno Gaudin résolvent magistralement les problèmes de visibilité par la construction de deux ensembles de tribunes dont l'articulation est explicite. La volée inférieure est portée par une structure classique de poteaux et de poutres. La volée supérieure est suspendue à des portiques de béton armé et des pièces d'acier, le jeu des pièces en compression ou en tension étant rendu intelligible comme dans un diagramme anatomique. Les quatre mâts d'éclairage inclinés font office de signaux urbains. Ils sont particulièrement lisses car les escaliers nécessaires à l'entretien se développent à l'intérieur des cylindres, tout comme les descentes d'eaux pluviales sont ménagées dans le creux des portiques des tribunes : ainsi une certaine pureté des éléments structurels est-elle préservée[2].

L'ouverture de l'anneau sur deux côtés et la porosité des tribunes aux regards extérieurs permettent d'échapper au sentiment d'enfermement qu'inspirent certaines arènes autarciques. Loin d'être un objet autonome flottant au-dessus du sol, il accompagne de son mouvement ondulatoire la dénivellation du terrain et intègre les liaisons avec les autres composantes du programme, comme la salle omnisports du Paris-Université-Club, couverte en acier inoxydable plombé et directement associée aux tribunes.

L'ensemble des bureaux de la « Maison du sport français » s'étire perpendiculairement à la salle et retrouve les accents navals présents dans l'œuvre d'Henri Gaudin depuis son école de Souppes-sur-Loing (1977). À l'extérieur, une proue effilée, soulignée par un brise-soleil, se prolonge par la courbe tendue d'une coque largement percée de baies, tandis que le déploiement des menuiseries en sycomore donne à l'intérieur la chaleur du carré d'un vieux gréement. La différenciation des langages architecturaux trouve de la sorte un écho dans le modelage du champ de la vision. Panoramique sur le paysage du stade, façonné par un contraste entre les portiques dressés et l'horizontale du terrain qui relève du sublime, le regard est conduit vers les horizons pittoresques des édifices périphériques, dans le mouvement desquels le souvenir des cabanes de tôle de la zone d'avant 1939 est comme ranimé.

J.-L. C.

1. Jean-Christophe Bailly et al., *Le Stade Charléty, Henri et Bruno Gaudin*, Paris, Éditions du Demi-Cercle, 1994.
2. Jean-Pierre Ménard, « Stade Charléty », *Le Moniteur AMC*, n° 54, septembre 1994, pp. 24-28 ; Frédéric Mialet, « Gaudin, premier stade », *D'Architecture*, n° 29, octobre 1992, pp. 24-26 ; Marie-Jeanne Dumont, « Stade Charléty, entre épaulements et articulations », *L'Architecture d'aujourd'hui*, n° 269, juin 1990, pp. 124-131.

Henri Gaudin
Bruno Gaudin

99, boulevard Kellerman
Paris XIIIe
1994

Tribunes du stade / *Stands in stadium.*

Mât d'éclairage et couverture des tribunes / *Lighting mast and canopies over stands.*

8 à 1
36 à 22
8 à 1
36 à 22

Le développement extérieur des tribunes /*External treatment of stands.*

Le stade et les bâtiments connexes dans le paysage de Paris et de la banlieue sud / *Stadium and related buildings in Parisian and suburban cityscape.*

Les tribunes du stade / *Stands in stadium.*

Fragment de la couverture des tribunes / *Grandstand roof canopy, detail.*

Couverture de la Maison du sport français / *Roof, French Sports Centre.*

Proue de la Maison du sport français / *Prow, French Sports Centre.*

Hall de la Maison du sport français / *Entrance foyer, French Sports Centre.*

National Museum of Natural History

Like the Gare du Nord and early department stores, the relationship between the envelope and the structure of the principal gallery at the Natural History Museum encapsulates the inherent contradictions of 19th-century architecture, as Walter Benjamin saw them. In his masterly analysis of Second-Empire Paris, the German critic observed that, in these large buildings, the metal frame played "the role of the corporal process around which 'artistic' architectures are placed like dreams around the physiological process."[1] Clearly, organic metaphor could be applied to no better effect than in a building dedicated to the cult of the evolution of the species.

The contradiction between the elevation designed in 1880 by Jules-Louis André (1819-1890) and the construction techniques he employed inside the building has in fact been exacerbated by the present works by Paul Chemetov (b. 1928) and Borja Huidobro (b. 1936). A one-time champion of a French-style New Brutalism grown wiser with time, Chemetov has demonstrated his interest in the Structural Rationalism of E. E. Viollet-le-Duc, Auguste Choisy and Anatole de Baudot through various research projects.[2] And it was with a certain "textual pleasure" (in the sense defined by Roland Barthes) that Chemetov took on the task of reviving a long-abandoned building in spectacular fashion.

In the process, timber show-cases have been retained to receive new displays – an instance of the blurring of boundaries between old and new which characterises the project. In its original form, the main gallery was largely given over to preserving skeletons, stuffed animals and pickled specimens in jars, all meticulously set out in serried ranks following the classification of the animal kingdom established by the French school of Natural Sciences. As so presented, the intellectual concept underpinning the theory of evolution remained partially hidden. Using the scientific narrative to structure a fundamentally new spectacle was the aim of the present project. The narrative is presented in three parts ("the diversity of the living world," "the evolution of life" and "man, factor of evolution"), which mark out a kind of wonder-wander through the gallery.[3]

The architects have in effect dissected the building, revealing it down to the foundations which have been exposed to house temporary exhibitions. The gallery has acquired the status of a kind of arena encircled by balconies, with the great parade of animals as the centrepiece. This glorious procession, stage-managed by the eminent theatrical specialist René Allio, has restored gaiety to what had become a repository for dusty relics. Recordings of animal sounds and light emanating from the glazed roof, as now completely refurbished and transformed into an "active sky," and from numerous other sources, have turned the gallery into what Allio describes as "a place where science is taught and explained, where knowledge is stored, where learning increases," while at the same time "man feels at one with nature, at the very heart of life's evolution in the infinite space and vertiginous time-scale of the cosmos."[4]

Every dimension of the building has been used as the backdrop for this revived narrative, which makes use of the entire length and height available, from the swimming whale evoking the depths of the ocean on the ground floor to aerial space. In parallel with the spectacle of the herd of animals on display, the ironwork bays reveal the structural hierarchy of columns and floors, thereby demonstrating the Rationalist concept that a building should be as clearly legible as an anatomical diagram.[5]

J.-L. C.

1. Walter Benjamin, *Paris, capitale du XXe siècle*, Paris, Éditions du Cerf, 1989, p. 854. In English Walter Benjamin, *The Arcades Project*, London, Harvard University Press, 1999.
2. Paul Chemetov and Bernard Marrey, *Architectures, Paris 1848-1914*, Paris, Dunod, 1980.
3. "Muséum, que le spectacle commence", *Archi-Créé*, No. 259, June 1994, pp. 98-113.
4. Ibid, p. 112.
5. Maarten Klos, "Het theater van de evolutie: de Galerie de l'Evolution in Paris geopend" ("Theatre of Evolution. The Galerie de l'Evolution opens in Paris") *Archis*, No. 12, December 1994, pp. 18-29.

Grande Galerie de l'Évolution

Comme la gare du Nord ou les grands magasins, la grande galerie du Muséum cristallise, dans le rapport entre son enveloppe et sa structure, les contradictions de l'architecture du XIXe siècle, telles que les perçoit Walter Benjamin. Dans son analyse magistrale du Paris du Second Empire, le critique allemand voit en effet l'ossature de métal de ces grands bâtiments jouer « le rôle du processus corporel autour duquel les architectures "artistiques" viennent se poser comme des rêves autour de la charpente du processus physiologique [1] ». Il est clair que la métaphore organique ne pouvait trouver lieu d'application plus efficace qu'un édifice voué au culte de l'évolution des espèces.

La contradiction entre la façade dessinée par Jules-Louis André (1819-1890) en 1880 et ses systèmes constructifs intérieurs a été en définitive exacerbée dans le projet de Paul Chemetov (né en 1928) et Borja Huidobro (né en 1936). Héraut assagi d'un néobrutalisme à la française, Chemetov avait fait la preuve, au travers de plusieurs recherches, de son intérêt pour le rationalisme structurel de Viollet-le-Duc, Auguste Choisy ou Anatole de Baudot [2]. Et c'est avec un certain « plaisir du texte », comme l'entend Roland Barthes, qu'il s'est saisi d'un édifice à l'abandon depuis longtemps pour y procéder à un théâtral retournement.

Ainsi les vitrines en bois ont-elles été conservées pour accueillir des présentations nouvelles, exemple de la dilution des frontières entre ancien et nouveau qui caractérise le projet. Rangement méticuleux de squelettes, de corps naturalisés ou conservés dans des bocaux, la grande galerie était essentiellement consacrée à la conservation des spécimens et fondée dans ses découpages sur la classification du règne animal telle que l'avait proposée l'École française de sciences naturelles. Dans cette formulation initiale, le guide intellectuel que constituait la théorie de l'évolution restait en partie caché et c'est en faisant du récit scientifique l'ossature même d'un spectacle fondamentalement nouveau que le projet a été conçu. Le récit est présenté en trois actes (« la diversité du vivant », « l'évolution de la vie » et « l'homme, facteur d'évolution »), qui jalonnent, selon les termes des architectes, une sorte d'« errance émerveillée » dans la galerie [3].

Procédant à une sorte de dissection du bâtiment, les architectes en ont révélé jusqu'aux fondations, mises à nu pour accueillir les expositions temporaires, lui donnant en quelque sorte le statut d'une arène ceinturée de balcons, au milieu de laquelle la grande parade de l'espèce animale se déploie. Un défilé glorieux, mis en scène par René Allio, homme de théâtre éminent, rend sa gaieté au magasin de dépouilles poussiéreuses qu'était devenue la galerie. La reproduction des bruits animaux et la lumière provenant de la grande verrière, complètement rééquipée et transformée en « ciel actif » et de multiples autres sources, en font selon les mots d'Allio « un lieu où la science s'enseigne et se raconte, où le savoir se dépose, où la connaissance grandit », dans le même temps que « l'homme se sent inscrit dans la nature, au cœur du mouvement de la vie, dans l'espace infini, la durée vertigineuse du cosmos [4] ».

Le cadre du récit renouvelé qu'est le bâtiment est travaillé dans toutes ses dimensions puisqu'il est désormais parcouru longitudinalement, et dans la totalité de son développement vertical, de l'évocation des fonds marins par la baleine nageant au rez-de-chaussée à l'espace aérien. Le paysage de ses travées métalliques révèle la hiérarchie de ses colonnes et de ses planchers et c'est dans un mouvement parallèle à celui du troupeau d'animaux le peuplant que le concept rationaliste d'un bâtiment lisible comme une planche d'anatomie est démontré [5]. J.-L. C.

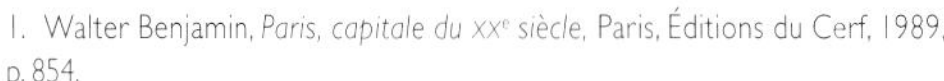

1. Walter Benjamin, *Paris, capitale du XIXe siècle*, Paris, Éditions du Cerf, 1989, p. 854.
2. Paul Chemetov, Bernard Marrey, *Architectures, Paris 1848-1914*, Paris, Dunod, 1980.
3. « Muséum, que le spectacle commence », *Archi-Créé*, n° 259, juin 1994, pp. 98-113.
4. *Ibid.*, p. 112.
5. Maarten Klos, « Het theater van de evolutie; de Galerie de l'évolution in Parijs geopend », *Archis*, n° 12, décembre 1994, pp. 18-29.

Paul Chemetov
Borja Huidobro
René Allio

36, rue Geoffroy-Saint-Hilaire
Paris Ve
1994

Une travée de la galerie / *Main gallery, typical bay.*

Entrée principale / *Main entrance.*

Façade principale sur le Jardin des Plantes / *Principal facade, seen across Jardin des Plantes.*

Entrée principale / *Main entrance.*

Pages suivantes / *following pages:*

La «marche triomphale» des animaux / *The animals' "triumphal march".*

BILLETTERIE

Housing development

Alexandre Chemetoff and his Bureau des Paysages were responsible for planning the Hautes Bruyères district at Villejuif, where they were concerned with the design of spaces from the site boundary to the entrance of each apartment block. The programme included housing, which several different architects were commissioned to design, a school, a stadium and two small shops; it was enlivened by the addition of a canal 200 metres in length with fish and ducks swimming in it. The creation of a canal *ex nihilo*, instead of the storm-water outlet required for the new district, was adopted as an apparently natural means of marking the boundary between the development and the neighbouring park *(Parc départmental)* without using fences. It was also designed as a promenade destined for the whole town, and may therefore attract people from the centre of Villejuif. Residents of the housing blocks benefit from views of the canal from their windows, hence instead of the derogatory *cité*, this subsidised housing district is known as a *quartier-jardin*.

The residential blocks (seventy-eight dwellings) built along the canal in 1993 to designs by Yves Lion and his atelier represent a response to the question of providing housing on the outskirts of a major city like Paris. The blocks are entered by an external staircase, from which apartments are reached via their own balcony-terrace overlooking the canal. This route is among the charming aspects of the place. The balcony-terraces are large enough to be used as outdoor rooms for sitting out and eating meals during the summer, and tenants at ground floor level also have private gardens.[1] Despite the number of dwellings cheek by jowl, residents talk about the development as though it were small. The amenity value of the canal is a major factor: "It makes a change from those big housing estates. It's the small buildings, they're nice and bright, nice ... It's the people ... the brightness, it affects ... people's lives. I think it's wonderful. You don't feel shut in, it doesn't feel like those housing estates they built in the 1960s, blocks of low-rent housing and all that, where people were put, they took people and packed them into those high density places and all that. I think it's wonderful here, it's just like little houses."[2]

In his research paper *Domus demain*, Yves Lion discussed the evolution of life-styles and construction techniques.[3] He reached the conclusion that all kitchens and bathrooms, all rooms with water services, should be placed against external walls, on the grounds that these elements of the dwelling could be provided in prefabricated units which could be replaced to keep pace with new technologies. Ease of access via the external wall was to have presented a further advantage when the time came to replace the units. However, the industrial process he envisaged for the production of these interchangeable prefabricated units proved to be more expensive than traditional methods. We still continue to use bathrooms designed in much the same way as a hundred years ago, except their overall size is constantly being reduced. Seeking an alternative, even if none resulted, does at least demonstrate the topicality of the issue.

Nevertheless, residents in this district of Villejuif do benefit in some measure from this innovation, as the majority of bedrooms have a bathroom of their own. The layout of dwellings is therefore highly unusual, emphasising the independence and privacy of every member of the family, each of whom in effect has a small private apartment. This reflects changing attitudes, even if the provision of bedrooms with integral bathrooms might be inconvenient for couples who do not keep the same hours.[4]

Towards the end of the 20th century, some architects in France began to take account of the fact that the French like self-contained houses.[5] It is no fluke that the most satisfied residents live in two-storey accommodation with private balcony-terraces and hence laid out in a manner closely resembling a house. Frequently called *intermediate*, this typology is well suited to suburban districts and illustrates a fruitful avenue of research in contemporary Parisian architecture. M. E.

1. Despite the interest shown in this development by the international Press, little has been published about it in France. See, nevertheless: Yves Lion, "Bande active," *Habiter, construire, le PAN a vingt ans*, supplement to *Le Moniteur Architecture-AMC*, No. 35, October 1992, p. XIV.
2. Mr El Aïdous, interview with Monique Eleb, Villejuif, February 2000.
3. Yves Lion and François Leclercq, *Domus demain, Paris*, Plan Construction et habitat, 1988.
4. On residents' reactions to this development, see the survey by Jean-Michel Léger and Benoîte Decup-Pannier, *Chambres-bains et terrasse avec vue. Évalutations de la "bande active" à Villejuif, Yves Lion, architecte*, Paris, IPRAUS/Plan Construction et architecture, 1995 [research paper].
5. On this and related matters, see Monique Eleb and Anne-Marie Châtelet, *Urbanité, sociabilité, intimité. Des logements d'aujourd'hui*, Paris, Éditions de l'Épure, 1997.

Ensemble d'habitations

Les Hautes-Bruyères

Alexandre Chemetoff et le Bureau des paysages ont conçu le quartier des Hautes-Bruyères à Villejuif où ils ont travaillé à penser les espaces depuis l'entrée du quartier jusqu'à la porte de l'immeuble. Le programme composé de logements confiés à plusieurs architectes, d'une école, d'un stade et de deux petits commerces, s'est enrichi d'un canal de 200 mètres de long où nagent poissons et canards. Créer de toutes pièces un canal dans ce quartier, en lieu et place de la simple retenue d'eau pluviale obligatoire, permettait de concevoir, grâce à un élément naturel, une limite, qui ne soit pas une clôture, entre le parc départemental proche et le quartier. Il s'agissait aussi d'introduire une promenade qui pouvait s'adresser à la ville tout entière et donc attirer les habitants du centre de Villejuif. Les locataires des immeubles voient le spectacle du canal de leur fenêtre et cet habitat social échappe à la dénomination péjorative de « cité » pour devenir un « quartier-jardin ».

L'ensemble des immeubles de 78 logements qu'Yves Lion et son atelier ont construit en 1993 le long du canal est une réponse à la question de l'habitat en périphérie d'une grande ville comme Paris. On y entre par une cage d'escalier extérieure en passant par la terrasse avec vue sur le canal. Ce parcours est un des charmes du lieu. La taille des terrasses en fait une véritable pièce extérieure, salle à manger d'été ou salon, à laquelle s'ajoutent des jardins pour les locataires du rez-de-chaussée [1]. Malgré le nombre d'immeubles accolés, les habitants en parlent comme d'une petite unité. L'agrément du canal y est pour beaucoup.

« Ça change des grands ensembles, c'est des petits bâtiments, bien clairs, bien… La clarté, ça joue sur la vie des gens. Je trouve ça magnifique. On ne se sent pas enfermé, on ne se sent pas en cité comme on faisait dans les années 60, des blocs de HLM et tout. On met les gens, on les prend, on les met dans un endroit concentré. Et là, je trouve que c'est magnifique. Ça fait des petites maisons, pour moi [2] ».

Lion a réfléchi dans son étude sur *Domus demain* à l'évolution des modes d'habiter et des techniques [3]. Il a décidé de mettre en façade les cuisines, les salles de bains et toutes les pièces humides, partant de l'idée que ces éléments du logement, des blocs préfabriqués, pourraient être changés au fur et à mesure des nouvelles techniques. L'idée était encore que l'obsolescence de ces éléments est plus rapide que celle des autres composants du logement. L'avantage de ce dispositif était aussi lié au fait qu'il permettait une accessibilité par la façade au moment du changement. Mais le système industriel sur lequel il comptait pour produire ces « boîtes » interchangeables s'est révélé plus coûteux que la production traditionnelle. Nous utilisons encore des salles de bains dont le dispositif complet a été conçu il y a plus de cent ans et dont la surface n'a cessé de se réduire. La mise en question d'Yves Lion, même si elle n'a pu être conduite à son terme, montre son actualité.

Les habitants de Villejuif bénéficient néanmoins d'une partie de cette innovation puisque la majorité des chambres possède une salle de bains. Les plans des logements sont donc très inhabituels, ils accentuent l'autonomie et l'intimité de chacun dans la famille qui, en fait, dispose d'un petit appartement privé, ce qui va dans le sens de l'évolution des mentalités. Cependant, la salle de bains intégrée à la chambre nécessite qu'un couple ait les mêmes horaires [4].

Certains architectes ont pris conscience, à la fin du XXe siècle, de l'attachement des Français à la maison individuelle [5] et ce n'est pas un hasard si ce sont les personnes qui habitent des duplex agrémentés d'une terrasse et ainsi dotés des qualités de la maison, qui sont les plus satisfaites. Solution adaptée aux quartiers périphériques, cet habitat, souvent dénommé « intermédiaire », illustre une direction de recherche féconde dans l'architecture du Paris contemporain. M. E.

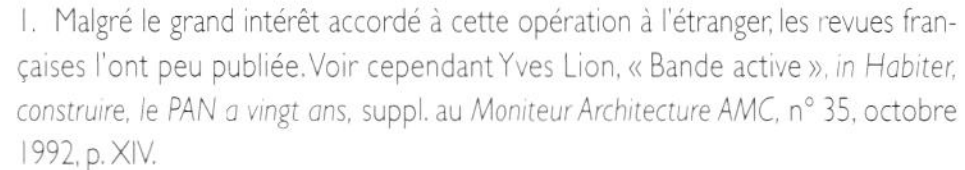
1. Malgré le grand intérêt accordé à cette opération à l'étranger, les revues françaises l'ont peu publiée. Voir cependant Yves Lion, « Bande active », *in Habiter, construire, le PAN a vingt ans*, suppl. au *Moniteur Architecture AMC*, n° 35, octobre 1992, p. XIV.

2. M. El Aïdous, entretien avec Monique Eleb, Villejuif, février 2000.

3. Yves Lion, François Leclercq, *Domus demain*, Paris, Plan Construction et habitat, 1988.

4. Sur la réception de cet ensemble par les habitants, voir l'enquête de Jean-Michel Léger et Benoîte Decup-Pannier, *Chambres-bains et terrasse avec vue. Évaluation de la "bande active" à Villejuif, Yves Lion, architecte*, Paris, Ipraus/Plan Construction et architecture, 1995 (rapport de recherche).

5. Voir sur ces questions Monique Eleb, Anne-Marie Châtelet, *Urbanité, sociabilité, intimité: des logements d'aujourd'hui*, Paris, Éditions de l'Épure, 1997.

Alexandre Chemetoff
Yves Lion

Avenue des Hautes-Bruyères
Villejuif, Val-de-Marne
1995

L'accès par le canal / *Access route along canal.*

Une chambre avec salle de bains en façade / *A bedroom with self-contained bathroom located against external wall.*

Pages suivantes / *following pages:*
L'alignement des immeubles à terrasses et la promenade sur le canal / *Canal frontage with private balconies, seen across canal-side promenade.*

Escaliers extérieurs et terrasses, côté canal / *External staircases and private balconies, canal frontage.*

Détail des terrasses / *Private balconies, details.*

Le cheminement entre les immeubles et le pont sur le canal / *Route between buildings, giving access to bridge over canal.*

Art Centre and Offices

Set behind a free-standing glass screen marking the Boulevard frontage, this building stands in a neighbourhood where the cityscape is punctuated by numerous remarkable 20th-century buildings, including such institutions as the *Maison des sciences de l'homme* (1970, by Lods, Depondt and Beauclair), such hotels as the Lutétia (1910, by Boileau and Tauzin) and major apartment blocks by such architects as Chifflot, Arfvidson, Abraham, Sauvage and Elkouken.

Unlike this sequence of buildings, which occupy their street frontages from party wall to party wall in the usual manner, the contrasting autonomous approach adopted for the Cartier Foundation follows the precedent set by the American Center built in the 1920s to designs by William Wells Bosworth which previously occupied the site. The present development was far from easy. As the result of lengthy and particularly difficult negotiations, the luxury housing scheme initially proposed was dropped. A solemn undertaking that all existing trees would be retained, including the so-called "Chateaubriand oak" planted in 1823, led very logically to the present building occupying the footprint of its predecessor.

The replacement of the classic masonry volume with the present vibrant prism called into question conventional notions about the legibility of Parisian buildings. Using cinematographic metaphors in this context, Jean Nouvel has evoked the "play on depth of field, on the frame, on illusionism." To him, there are "a series of programmed, ambiguous effects to do with perception which play on a poetic, sensitive dimension." [1] A dual effect of presence and absence is produced, as though the solid opacity of edges, which provides the very framework of Parisian architecture, had been diluted by the device of the glass wall: "One never knows if one is seeing the sky or the reflection of the sky and, as a rule, one is seeing both. It is that ambiguity which creates a multiple play on appearances, while at the same time the building plays on the most trivial transparency function in relation to the exhibition space. There, one knows that whatever is to be exhibited inside will alter the nature of the building, or at least the way it is perceived – yet that is what it is designed for. Otherwise, when one goes past, it is a display window." [2]

This interplay is deployed around three vertical planes. The first simulates the urban continuity of the Boulevard, while the other two enclose the building proper while extending its apparent volume. The section reveals the building to be symmetrical in a way that is as unpredictable as it is imperceptible and paradoxical; [3] indeed, the section also reflects the true purpose of the building which, in the main, is to accommodate office space. Above the two storeys of exhibition galleries at ground and basements levels are seven storeys of offices, balanced by seven subterranean storeys of services and car-parking. Around the central service core, the spatial freedom available in the galleries contrasts markedly with the densely occupied office floors above.

Flexible floor layouts are provided on the office floors. They are achieved by means of a lightweight structure of columns and beams. The latter are only 40 centimetres thick and span 16 metres. Composed as it is of glass panes 6 m x 3 m in size, the elevational glazing constitutes another technical feat, as do the completely silent lifts. These correspond with a notion of luxury architecture based, not on an outward show of opulence, but on the recourse to unusual technical solutions. So far as experiment is concerned, the Cartier Foundation has certain points in common with the procedures adopted by Mies van der Rohe – the use of aluminium and the size of the panes of glass at the Farnsworth House, for example.

But whereas Mies insisted that the movement of blinds on his office buildings should be controlled and co-ordinated, to prevent any disruption to the ordered elevational appearance, the very reverse applies at the Cartier Foundation. Here, the visual effect produced by the interplay between blinds opened and closed to differing degrees is exploited as though the cinematographic allusions so frequently made by Jean Nouvel have found their expression in the outward projection of changing configurations within the office spaces.

J.-L. C.

1. Jean Nouvel, interview with Florence Michel, *Archi-Créé*, No. 259, June 1994, p. 54.
2. Jean Nouvel, *Les Objets singuliers, architecture et philosophie*, Paris, Calmann-Lévy, 2000, p. 97 [conversations with Jean Baudrillard].
3. This term is used in homage to Robin Evans's analytical essay on Mies van der Rohe's Barcelona pavilion: "Mies van der Rohe's Paradoxical Symmetries," *AA Files*, No 19, Spring 1990, pp. 56-68.

Centre d'art et bureaux

Fondation Cartier

Affiche de verre sur le boulevard Raspail derrière laquelle ses coulisses se dressent, ce bâtiment trouve sa place dans un paysage urbain scandé par des bâtiments remarquables. Il y dialogue avec des institutions comme la Maison des sciences de l'homme de Lods, Depondt et Beauclair, des hôtels comme le Lutétia de Boileau et Tauzin et des immeubles d'habitation marquants comme ceux de Chifflot, Arfvidson, Abraham, Sauvage ou Elkouken.

À cette séquence de bâtiments sagement inscrits de bord à bord dans leur parcelle, la fondation Cartier oppose un principe d'autonomie, semblable à celui de l'American Center de William Wells Bosworth, occupant antérieur du terrain. L'opération n'aura guère été aisée et c'est au terme d'un processus particulièrement délicat que le projet initial de logements de luxe a été en définitive abandonné. L'engagement solennel de conserver intégralement les arbres existants, dont le chêne dit de Chateaubriand, planté en 1823, a très logiquement inscrit le nouveau bâtiment dans l'emprise précédente.

Le remplacement du volume néoclassique opaque par le prisme vibrant de la Fondation entraîne une mise en cause des principes conventionnels de lecture des bâtiments parisiens. Jean Nouvel évoque à ce propos, en utilisant des métaphores cinématographiques, le « jeu sur la profondeur de champ, sur le cadrage, sur l'illusionnisme ». Il y a, à ses yeux, « une série d'effets programmés et ambigus qui sont de l'ordre de la perception et s'appuient sur une dimension poétique et sensible[1] ». Un double effet de présence et d'absence est produit, l'opérateur fondamental qu'est dans l'architecture parisienne l'arête solide, opaque, étant comme dilué dans le dispositif des murs de verre.

« On ne sait jamais si l'on voit le ciel ou le reflet du ciel, en général on voit les deux et c'est cette ambiguïté-là qui crée un jeu d'apparences multiples, et en même temps le bâtiment joue sur la fonction la plus triviale de la transparence par rapport à l'espace d'exposition. Là, on sait que ce qui va être exposé à l'intérieur va changer la nature du bâtiment, ou tout du moins sa perception – mais c'est prévu pour cela. Autrement, quand on passe devant, c'est une vitrine[2] ».

Le jeu se déploie à partir de trois lames verticales, la première simulant la continuité de la façade urbaine du boulevard, les deux autres enserrant le bâtiment à proprement parler et en dilatant visuellement le volume. La coupe de l'édifice révèle une symétrie aussi insoupçonnable que paradoxale puisqu'elle est horizontale[3]. La coupe reflète la véritable nature du programme qui est, pour l'essentiel, d'abriter des activités tertiaires. Les sept niveaux de bureaux superposés aux deux niveaux des galeries d'exposition, situés au rez-de-chaussée et au premier sous-sol, sont en quelque sorte redoublés par sept niveaux enterrés de locaux techniques et de parkings. La disponibilité des galeries, tournant autour d'un noyau central, s'oppose à la densité d'occupation des plateaux de bureaux.

Logique pour des locaux voués à la programmation changeante d'un centre d'art contemporain, la flexibilité est également la règle pour ces plateaux. Elle est rendue possible par l'utilisation d'une structure légère de poteaux et de poutres de quarante centimètres de hauteur dont la portée est de seize mètres. Autre prouesse, les verres de la façade mesurent six mètres par trois et les ascenseurs, totalement silencieux, concourent à une problématique du luxe architectural fondée, non sur l'opulence exhibée, mais bien sur le recours à des solutions techniques exceptionnelles. Dans cette dimension expérimentale du projet, la Fondation Cartier rejoint certaines démarches de Mies van der Rohe, comme l'usage de l'aluminium ou la taille des vitres de la maison Farnsworth.

Alors que Mies réglait avec autorité le mouvement des stores de ses immeubles de bureaux, coordonnés pour ne pas perturber l'ordre de la façade, c'est précisément sur le contraste visuel entre les différents états des protections solaires que joue la Fondation, comme si les figures cinématographiques souvent évoquées par Nouvel trouvaient leur expression dans un principe projetant vers l'extérieur la configuration changeante des espaces de bureaux. J.-L. C.

1. Jean Nouvel, entretien avec Florence Michel, *Archi-Créé*, n° 259, juin 1994, p. 54.
2. Jean Nouvel, *Les Objets singuliers, architecture et philosophie*, Paris, Calmann-Lévy, 2000, p. 97 (dialogues avec Jean Baudrillard).
3. Ce terme est utilisé en hommage aux analyses de Robin Evans sur le pavillon de Barcelone de Mies : Robin Evans, « Mies van der Rohe's Paradoxical Symmetries », *AA Files*, n° 19, printemps 1990, pp. 56-68.

Jean Nouvel
Emmanuel Cattani

261, boulevard Raspail, Paris XIVe
1995

Vue postérieure de la façade sur le boulevard Raspail / *Rear view of glazing bounding Boulevard Raspail frontage.*

Fragment des terrasses / *Roof terraces, detail.*

La Fondation dans le paysage parisien / *Cartier Foundation in Parisian cityscape.*

La Fondation et l'alignement du boulevard Raspail / *Boulevard Raspail frontage.*

Les trois plans verticaux parallèles au boulevard Raspail / *The three vertical planes running parallel with Boulevard Raspail.*

Fragment du rez-de-chaussée / *Ground storey, detail.*

Transparence sur le jardin / *Vista through glazing to garden.*

Entrée principale / *Main entrance.*

Pages suivantes / *following pages:*
Espaces d'exposition du rez-de-chaussée. Installation de Sarah Sze / *Ground floor exhibition space, with installation by Sarah Sze.*

Cartier
HERB RITTS

Un bureau / *An office.*

Salle de réunion au sommet de la Fondation / *Penthouse meetings room.*

8

New National Library

The forceful architectural image proposed from the outset by Dominique Perrault won him the limited competition for this commission in 1989. Vaguely akin to the somewhat ghostly translucent cube in the rival entry by Rem Koolhaas[1] the Perrault scheme combined four glazed towers which might have escaped from Le Corbusier's 1925 Voisin Plan with a reinterpretation of the late 18th-century arcaded garden at *Palais Royal*. As the purpose of the new library had not been clarified when the competition was held, subsequent difficulties were predictable.

As first mooted, the new library was to have housed only part of the holdings from the old *Bibliothèque nationale*. But in the end, the departments of printed books and periodicals were transferred to the new building in their entirety. In addition to the provision for book storage in the four towers envisaged by Dominique Perrault in his initial scheme, space had to be found for quantities of extra book stacks, swelling the size of the podium more than somewhat.

By dividing up the various reading rooms and distributing them on two levels – one for researchers and the other for the general public – the new library not only departed from practice at the old *Bibliothèque nationale* but broke, too, with a typological precedent set originally by Michelangelo with his Laurentian Library in Florence and still followed during the 20th century. In a large number of these libraries, a dominant space – sometimes at the centre of the building – serves the majority of readers. Such was the case with the main reading room designed by Henri Labrouste at the old *Bibliothèque nationale* in the Rue de Richelieu, Paris. Other examples include the central rotunda at the old British Library in London and that at the inefficient Low Memorial Library at Columbia University in the USA, the cylindrical reading room at the Stockholm Municipal Library by E. Gunnar Asplund in Sweden, the top-glazed reading room by James Stirling at the Cambridge History Faculty Library in England and the cube of air by Louis Kahn at Exeter, Massachusetts.

All the constituent elements of the library programme are present at the new *Bibliothèque nationale*, albeit with their hierarchies and inter-relationships re-ordered. Book silos, which constitute a kind of backdrop to American university campus libraries, have been retained but placed at the perimeter of the building. The route into the library, generally reduced to a flight of steps and a hallway, is spun out until it envelopes the whole building. As to the main space around which the overall plan is organised, it no longer coincides with the main reading room but, appropriately enough in a place of learning, it is constituted by a quotation – from the Fontainebleau forest landscape.[2] By installing this micro-landscape in the central patio of the new *Bibliothèque nationale*, Perrault has compensated for frustration Henri Labrouste must have felt in the mid-19th century when he had to make do with a mural depicting a sylvan grove in the hall of his Bibliothèque Sainte-Geneviève instead of planting real trees in front of the building.

The inter-relationship between circulation and study spaces is a constituent of all major libraries. To meet safety requirements, it has been resolved here as a complex series of halls, foyers and lobbies leading from the well-lit central void at the perimeter to zones of extreme darkness. Once through all these transitions, users discover the warm, hospitable qualities of the reading spaces, with nothing to distract mental concentration except the initial technical hitches presented by a computer system which was doubtless over-ambitious and by administrative idiosyncrasies, both of which provoked a certain amount of irritation.[3]

At the time of the competition, the new library was conceived as a self-contained entity. It has since been caught up in the development of the new *Paris-Rive-Gauche* district which stretches from Austerlitz railway station to the Paris ring-road. Strictly orchestrated by Roland Schweitzer's masterplan, the markedly horizontal emphasis of the housing blocks by various architects now neighbouring the new library have the air of a military escort standing permanently to attention in front of a fortress of books.

J.-L. C.

1. On the competition, see Dominique Jamet (editor), *Premiers volumes*, Paris, Institut Français d'Architecture/ Éditions Carte Segrete, 1989.
2. *WITH; Dominique Perrault, Architect*, Barcelona, ACTAR / Basle, Birkhaüser, 1999, pp. 62-131.
3. See reactions of readers, as reported in: *Le Débat*, No. 105, May-August, 1999.

Bibliothèque nationale de France

C'est à une image initiale forte que Dominique Perrault doit sa victoire en 1989 dans un concours restreint dont demeure la vision quelque peu spectrale du cube translucide de Rem Koolhaas[1] : la rencontre de quatre tours vitrées échappées du plan Voisin de Le Corbusier et du cloître du Palais-Royal. Organisé alors que le programme du nouvel équipement n'était pas encore arrêté, ce concours annonçait par là même les difficultés qui suivirent.

En effet, alors que l'idée initiale était de n'accueillir qu'une partie des collections conservées dans la Bibliothèque nationale d'Henri Labrouste rue de Richelieu, ce sont, en définitive, tous les fonds des départements des imprimés et des périodiques qui feront le voyage. Aux réserves logées dans les tours devront donc s'ajouter de massifs magasins de livres, qui gonfleront en quelque sorte le socle du bâtiment.

Par le découpage de ses différentes salles de lectures, distribuées sur deux niveaux, l'un réservé aux chercheurs et l'autre au grand public, fait inédit par rapport à la Bibliothèque nationale, le bâtiment tranche avec la lignée typologique inaugurée par la bibliothèque laurentienne de Michel-Ange à Florence et poursuivie au XXe siècle. Dans bon nombre de ces édifices, un espace dominant, parfois centré, accueillait l'essentiel des lecteurs – salle principale de la BN, rotonde de la British Library ou de l'inefficace Low Library à Columbia University, salle cylindrique de la bibliothèque d'Asplund à Stockholm, salle vitrée de Stirling à Cambridge ou cube d'air de Kahn à Exeter.

Les éléments constitutifs du programme de la bibliothèque sont tous présents au terme d'une série de manipulations qui en redéfinit la hiérarchie et les rapports. Les silos à livres, qui constituent en quelque sorte la toile de fond des bibliothèques des campus américains, sont conservés mais placés en périphérie de l'édifice ; la séquence d'entrée, en général réduite à un escalier et un hall, se déploie au point d'envelopper tout le bâtiment ; quant à l'espace majeur organisant le plan d'ensemble, il ne coïncide plus avec le lieu de la lecture mais est constitué par une citation – logique somme toute dans un lieu destiné à l'étude – du paysage de la forêt de Fontainebleau[2]. De ce point de vue, en parvenant à incruster un micro-paysage dans le patio de la BNF, Perrault compense la frustration qui avait été celle de Labrouste lorsqu'il avait remplacé la forêt imaginée devant la bibliothèque Sainte-Geneviève par son évocation peinte dans le hall.

La relation entre lieux de déambulation et lieux d'étude, constitutive de toutes les grandes bibliothèques, se résout, sous la pression des exigences de sécurité, en de complexes suites de halls, de foyers ou de sas conduisant de la périphérie éclairée du vide central aux zones les plus sombres. Une fois toutes ces transitions franchies, les salles révèlent leurs qualités et offrent une hospitalité chaleureuse aux lecteurs. Seuls les hoquets initiaux d'un système informatique sans doute trop ambitieux et les idiosyncrasies administratives viennent troubler leur concentration mentale et provoquer parfois leur irritation[3].

Pensée comme une entité autonome lors du concours, la bibliothèque s'est vue rattraper par l'urbanisation du quartier Paris Rive-Gauche, s'étendant de la gare d'Austerlitz au boulevard périphérique. Encadrés par la baguette sévère de Roland Schweitzer, les immeubles d'habitation voisins sont venus lui créer, de leurs horizontales affirmées, une escorte en quelque sorte figée au garde-à-vous devant une forteresse de livres.

J.-L. C

Dominique Perrault

13, quai François-Mauriac

Paris XIIIe

1995

Fragment de l'angle d'une tour / *Tower, corner detail.*

Une entrée / *An entrance.*

Pages suivantes / *following pages:*
La bibliothèque et le site de la Seine / *New library in its Seine-side setting.*

1. Sur le concours, voir Dominique Jamet (dir.), *Premiers Volumes*, Paris, Éditions Carte Segrete/Institut français d'architecture, 1989.
2. *WITH : Dominique Perrault architecte*, Barcelone, Actar/Bâle, Birkhäuser, 1999, pp. 62-131.
3. Voir les points de vue des lecteurs rapportés dans la revue *Le Débat*, n° 105, mai-août, 1999.

Les tours et le jardin, vus depuis l'ouest / *Towers and garden, from west.*

Le jardin, vu depuis l'est / *Garden, from east.*

Escalier dans une tour / *Tower, staircase detail.*

Grand foyer / *Main entrance foyer.*

Un patio / *An internal lightwell.*

Salle de lecture publique / *Public reading room.*

Salle de lecture / *Reading room.*

Salle de lecture des chercheurs / *Research reading room.*

Airport

Roissy-Charles-de-Gaulle Airport provides Paris with a new threshold where passengers and freight pallets cross paths, just as the terminus railway stations built in the 19th century represented gateways to the city. The total area occupied by Roissy-CDG airport is very nearly equivalent to the whole of municipal Paris. If this seemed excessive when designated in the 1965 Greater Paris development plan (*Schéma directeur d'aménagement et d'urbanisme de l'agglomération*), it has enabled Roissy-CDG to become mainland Europe's foremost airport and to continue developing thirty-five years later.

The evolution of mass air travel for an ever increasing public is reflected by the series of terminal buildings designed by Paul Andreu (b. 1938) and the Aéroports de Paris architects' department.[1] The Roissy 1 Terminal inaugurated in 1974, with its glazed tubes and tunnels channelling centripetal and centrifugal flows of passengers, was originally envisaged as the model for future terminals at Roissy.

But reduction of passenger walking distances became a priority and a new approach had already been adopted for the first four Terminal 2 buildings which came into service at Roissy in 1984-1990. The nine concrete vaults comprising the roof were built as a two-fold operation, the underside being cast at ground level and raised on jacks before the top side was poured *in situ*. Beneath this expansive roof, a frontal approach was to prevail, with only one floor level for passengers to cross, from the pavement on the land-side to the boarding gates on the air-side.

Below ground level at the eastern end of these two pairs of modules is the airport's long-awaited interchange with the national TGV railway network (SNCF high-speed trains) and the Regional Express Railway network (RER). This junction between three of the four modern *routes* extolled by Le Corbusier does not, of course, bring flight-paths into direct contact with the railways, the latter of necessity being buried beneath the runways. However, visual contact is established through a glass roof, thus providing a symbol of interchange between airborne transport systems serving the whole planet and earthbound transport systems serving France and the Paris region. Although now sadly partially overshadowed, the light this great glazed roof diffuses onto the railway station platforms is rare in underground spaces of this kind.

The next module in the chain-like extension at Roissy is separated from the others by the railway station. It marks a distinct change in scale, coinciding with the adoption by Air France of a *hub* concept based on increasing *waves* of plane connections. Reduction of passenger walking distances is less in evidence here, as the overall layout is more elongated. Hall 2E, which is scheduled to open in 2002, extends a long curving elevation towards the air-bridges to the planes. However, unlike its sister buildings, Hall 2F does not enclose passengers beneath a vaulted concrete roof, and its linear extension contrasts with the rhythmic *caissons* of Halls A, B, C and D. Yet the principle of a large curved space has been pursued, in dilated form, beneath a metal envelope, the underside of which is in concrete. The edge facing the runways is folded over like the leading edge of an aircraft wing swollen by an antifreeze mechanism. This linear distribution encompasses two *peninsulas* with generous, fluid, top-lit interior spaces beneath a glazed roof designed by Peter Rice.

Protected from the sun by a metal screen, the transparent roof is supported by beams which, like the *gerberettes* at the Georges Pompidou Centre, play a symbolic role in articulating several functions. Their curving movement defines the tapering form of the *peninsulas* and, at their lowest level, they enclose two levels of pedestrian accessways in a glazed half-cylinder. Both during the day and at night, they generate a vibrant lightscape reminiscent of the reticulated universe conceived by Mies van der Rohe for the Chicago Convention Center. Distanced by the intersecting network of airbridges which constitute a sort of perimeter building in their own right, the aircraft are somewhat less visible from the interior, yet their presence in the air can be sensed through the metal structure of the peninsulas.[2]

J.-L. C.

1. For an overview of the work of the office, see Pascale Blin [editor], *Paul Andreu*, Paris, A tempera, 1990; Serge Salat and Françoise Labbé, *Paul Andreu : métamorphoses du cercle*, Paris/Milan, Electa Moniteur, 1990 (English-language edition: *Metamorphosis of the circle*, Paris/Milan, Electa Moniteur, 1990); Paul Andreu, *J'ai fait beaucoup d'aérogares: les dessins et les mots*, Paris, Descartes & Cie, 1998.
2. Paul Andreu, *L'Aéroport Charles-de-Gaulle : le Module 2F*, Orly, Aéroports de Paris, 1996.

Aéroport Charles-de-Gaulle

Nouveau seuil de Paris, où s'entrecroisent passagers et palettes de fret, porte de Paris au même titre que l'étaient les gares construites au XIXe siècle, l'aéroport de Roissy-Charles-de-Gaulle occupe une surface au sol presque équivalente à celle de la capitale *intra-muros*. Démesurée lorsqu'elle figurait sur le Schéma directeur d'aménagement et d'urbanisme de l'agglomération en 1965, cette emprise permet, trente-cinq ans plus tard, à la première plate-forme d'Europe continentale de poursuivre sa croissance.

Les transformations d'un transport aérien de masse touchant des publics toujours plus grands se reflètent dans la séquence des aérogares conçues par Paul Andreu (né en 1938) et l'agence d'architecture d'Aéroports de Paris[1]. Inauguré en 1974, le « camembert » de Roissy 1, avec ses flux de passagers centripètes et centrifuges dans les tubes vitrés et les tunnels reliant le cylindre évidé qui le constitue aux « satellites » qui le connectent aux aéronefs, était censé être reproduit à plusieurs exemplaires.

Mais, dès les quatre premiers bâtiments de Roissy 2 mis en service entre 1984 et 1990, la démarche change et la réduction des parcours des passagers devient la règle. Les neuf grandes coques de la toiture ont été coulées au sol et levées sur vérin, pour la partie inférieure, la couverture étant coulée en place. Sous cette ample couverture, le dispositif est désormais frontal, les passagers cheminant de plain-pied entre le trottoir et la porte de l'avion. Seul le terminal 2 C déroge à cette règle, grâce à un dispositif de passerelles mobiles desservant, selon le moment, le niveau départ ou le niveau arrivée.

À l'extrémité est de ces deux paires de modules, l'aéroport trouve, en sous-sol, son interconnexion tant attendue avec le réseau des trains à grande vitesse de la SNCF et avec le Réseau Express Régional. Dans ce raccordement de trois des quatre « routes » modernes vantées par Le Corbusier, nul contact direct entre la voie aérienne et la voie ferrée : c'est un diaphragme de verre qui filtre les échanges et marque symboliquement le transfert des réseaux planétaires aux réseaux français et parisien, nécessairement enfouis sous les pistes. Malheureusement occultée partiellement aujourd'hui, la grande toiture diffuse sur les quais une lumière rare dans de tels espaces souterrains.

Le chaînon suivant de l'extension modulaire de Roissy est séparé des premiers par la gare et marque un net changement d'échelle, qui accompagne la mise en œuvre par Air France du concept de « hub » fondé sur la multiplication des « vagues » d'avions en correspondance. L'attention à la réduction des parcours piétons y est moins perceptible et chaque module est désormais étiré en longueur. Si le hall 2 E, dont l'ouverture est prévue en 2002, étend au contact des avions un long flanc incurvé, le hall 2 F n'enferme pas ses passagers sous les coques de béton de ses grandes sœurs et oppose son extension linéaire au rythme des caissons des halls A, B, C et D. Le principe du grand espace galbé est, en revanche, repris et dilaté, à l'abri d'une enveloppe de métal dont l'intrados est tapissé de béton et se replie face aux pistes à l'image du bord d'attaque d'une aile d'avion, enflé par le dispositif antigivre. Cette distribution linéaire se prolonge par deux « péninsules » aux espaces intérieurs généreux et fluides, qui reçoivent un jour vertical par une grande verrière conçue par Peter Rice.

Homologues par leur rôle symbolique et par leurs fonctions multiples des « gerberettes » du centre Pompidou, les poutres, dont le mouvement tournant dessine la forme fuselée de la péninsule, supportent la couverture transparente, protégée du soleil par un store en métal. Elles enveloppent à leur base deux niveaux de cheminements piétons dans un demi-cylindre de verre. De jour comme de nuit, elles génèrent un paysage de vibrations lumineuses qui évoque l'univers réticulé imaginé par Mies van der Rohe pour le Convention Center de Chicago. Tenus à distance par le réseau des passerelles entrecroisées qui constitue, en tant que tel, une sorte d'édifice périphérique, les avions sont un peu moins visibles depuis l'intérieur mais le sentiment de leur présence en l'air se diffuse au travers de la résille métallique de la péninsule[2].

J.-L. C.

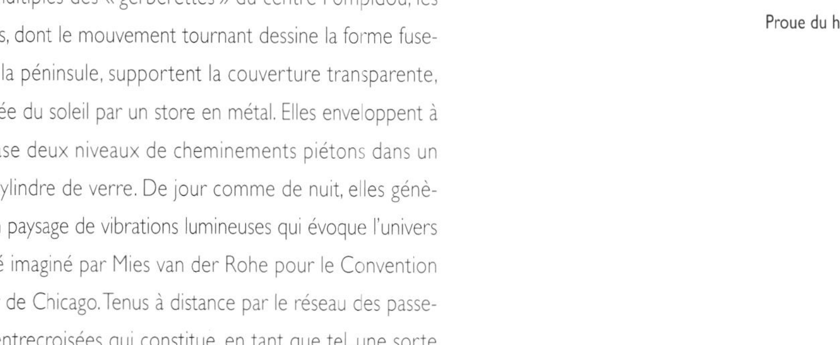

Paul Andreu
RFR Peter Rice
Hall 2 F
Aéroport Roissy-Charles-de-Gaulle
Val d'Oise
1999

Hall du module d'échanges / *Interchange module, Hall.*
Proue du hall 2 F / *Prow, Hall 2 F.*

1. Sur l'ensemble de la production de l'agence, voir Pascale Blin (dir.), *Paul Andreu*, Paris, A tempera, 1990 ; Serge Salat, Françoise Labbé, *Paul Andreu : métamorphoses du cercle*, Paris/Milan, Electa Moniteur, 1990 ; Paul Andreu, *J'ai fait beaucoup d'aérogares : les dessins et les mots*, Paris, Descartes & Cie, 1998.
2. Paul Andreu, *L'Aéroport Charles-de-Gaulle : le module 2 F*, Orly, Aéroports de Paris, 1996.

Le module d'échange, l'hôtel Sheraton et les halls 2 C, 2 D, 2 A et 2 B, vus depuis la tour de contrôle / *Interchange module, Sheraton hotel and Halls 2 C, 2 D, 2 A and 2 B, seen from control tower.*

Le hall 2 F et la «péninsule» ouest, vus depuis la tour de contrôle / *Hall 2 F and western "peninsula" seen from control tower.*

La coursive, niveau arrivée / *Pedestrian accessway, arrivals level.*

Développement longitudinal de la couverture d'une «péninsule» / *Longitudinal development of "peninsula" roof.*

Pages suivantes / *following pages:*
Couverture d'une «péninsule» / *Roof over one of the "peninsulas."*

3
4

F29
F30

F51
F52
F54
F55
F50
F49
F47
F46

Intérieur de la «péninsule» est / *Interior, eastern "peninsula."*

Le maillage des passerelles et la «péninsule» est / *Intermeshing of airbridges and eastern "peninsula."*

Notices

Castel Béranger

14, rue La Fontaine, Paris XVIe

Architecte: Hector Guimard
Client: Mme Élisabeth Fournier
Début des travaux: permis de construire déposé le 16 septembre 1895
Livraison: 1898

Saint-Jean de Montmartre

21, rue des Abbesses, Paris XVIIIe

Architecte: Anatole de Baudot
Client: Abbé Sobeaux
Début des travaux: 1894
Livraison: 1904

Palais de la femme

(ancien Hôtel populaire pour hommes)
94, rue de Charonne, à l'angle de la rue Faidherbe, Paris XIe

Architectes: Auguste Labussière et C. Longeray
Commanditaire: Fondation Groupe des maisons ouvrières (Lebaudy)
Début des travaux: 1907
Livraison: 1910, transformé en 1926

Immeuble pour artistes

31 et 31bis, rue Campagne-Première, Paris XIVe

Architecte: André Arfvidson
Livraison: 1911

Immeuble à gradins

26, rue Vavin, Paris VIe

Architectes: Henri Sauvage, Charles Sarrazin
Commanditaire: Société anonyme des maisons à gradins
Début des travaux: permis de construire déposé en septembre 1912, accepté en 1913
Livraison: 1913

Théâtre des Champs-Élysées

15, avenue Montaigne, Paris VIIIe

Architectes: Auguste Perret avec Roger Bouvard, Henry van de Velde, Antoine Bourdelle (sculptures) et Maurice Denis (peinture du plafond)
Commanditaire: Société du théâtre des Champs-Élysées (sous la direction de Gabriel Astruc)
Début des travaux: 1910
Livraison: 1913

Maisons La Roche et Jeanneret

8-10, square du Docteur-Blanche, Paris XVIe

Architecte: Le Corbusier
Clients: Raoul La Roche et Albert Jeanneret
Début des travaux: 1923
Livraison: 1923

Rue Mallet-Stevens

Ensemble d'hôtels particuliers
Rue Mallet-Stevens, Paris XVIe

Architecte: Rob Mallet-Stevens
Clients:
N° 7, Daniel Dreyfus
N° 3-5, M. Allatini
N° 10, Jan et Joël Martel
Mme Reifenberg
N° 12, Rob Mallet-Stevens
Début des travaux: 1926
Livraison: 1927

Musée des Arts africains et océaniens

(ancien musée des Colonies)
293, avenue Daumesnil, Paris XIIe

Architectes: Albert Laprade, Léon Jaussely, Léon Bazin
Commanditaire: Ministère des Colonies
Début des travaux: 1927
Livraison: 1931

La Maison de verre

31, rue Saint-Guillaume, Paris VIIe

Architectes: Pierre Chareau, Bernard Bijvoet
Clients: Jean Dalsace, Annie Bernheim
Début des travaux: 1928
Livraison: 1932

Rue Raynouard

51-55, rue Raynouard et rue Berton, Paris XVIe

Architecte: Auguste Perret
Commanditaire: SAI Perret frères
Début des travaux: 1929
Livraison: 1932

La Cité de refuge

12, rue Cantagrel, Paris XIIIe

Architectes: Le Corbusier et Pierre Jeanneret
Commanditaire: L'Armée du Salut
Début des travaux: 1929
Livraison: 1933

La Butte rouge

Châtenay-Malabry, Hauts-de-Seine

Architectes: Joseph Bassompierre, Paul de Rutté, Paul Sirvin
Commanditaire: Office public d'habitations de la Seine
Début des travaux: 1929
Livraison: 1934

Maison du peuple

Avenue du Général-Leclerc, Clichy-sur-Seine, Hauts-de-Seine

Architectes: Eugène Beaudouin, Marcel Lods, Jean Prouvé, Vladimir Bodiansky
Commanditaire: Municipalité de Clichy
Début des travaux: 1937
Livraison: 1939

Maisons en métal

(chantier expérimental)
Route des Gardes, Meudon, Hauts-de-Seine

Architectes: Jean Prouvé, Henri Prouvé, André Sive
Commanditaire: Ministère de la Reconstruction et de l'Urbanisme
Début des travaux: 1949
Livraison: 1950

Maisons Jaoul
81bis, rue de Longchamp, Neuilly-sur-Seine, Hauts-de-Seine

Architecte: Le Corbusier
Clients: André et Michel Jaoul
Début des travaux: 1952
Livraison: 1953

Gratte-ciel d'habitation
33, rue Croulebarbe, rue des Sœurs-Rosalie, Paris XIIIe

Architectes: Édouard Albert avec Roger Boileau et Henri Labourdette
Ingénieur: L. Sarf
Commanditaire: Josefson et Sulitzer, promoteurs
Début des travaux: 1957
Livraison: 1960

Fondation Avicenne
(Maison de l'Iran jusqu'en 1972)
Cité universitaire internationale, boulevard Jourdan, Paris XIVe

Architectes: Claude Parent et André Bloc, avec Mohsen Foroughi et Heydar Ghiai
Commanditaire: État d'Iran
Début des travaux: 1966 (conception en 1962)
Livraison: 1968

Centre Georges Pompidou
Place Georges-Pompidou, Paris IVe

Architectes: Renzo Piano, Richard Rogers,
Ingénieur: Ove Arup & Partners
Maîtrise d'ouvrage: Établissement public du Centre national d'art et de culture Georges Pompidou
Début des travaux : 1971
Livraison : 1977

Rénovation
Place Georges-Pompidou, Paris IVe

Architecte: Renzo Piano
Maîtrise d'ouvrage: Établissement public du Centre national d'art et de culture Georges Pompidou
Aménagement intérieur:
Le forum, la salle de spectacle: Renzo Piano
La bibliothèque, les galeries d'exposition permanentes et temporaires: Jean-François Bodin
Le restaurant: Dominique Jakob et Brendan MacFarlane
Début des travaux: 1998
Livraison: 2000

Les Hautes-Formes
Ensemble d'habitations
Rue des Hautes-Formes, Paris XIIIe

Architectes: Christian de Portzamparc avec Giorgia Benamo
Maîtrise d'ouvrage: RIVP
Début des travaux: 1975
Livraison : 1979

Saint-Denis Basilique
Ensemble d'habitations
Rue de Strasbourg, quartier Basilique, Saint-Denis, Seine-Saint-Denis

Architectes: Roland Simounet, Émile Duhart
Maîtrise d'ouvrage: Le Logement dionysien
Aménageur: Sodedat
Début des travaux: deux tranches 1977-1983 et 1983-1986
Livraison: 1983 et 1986

La Villette

La Géode
26, avenue Corentin-Cariou, Paris XIXe

Architecte: Adrien Fainsilber
Maîtrise d'ouvrage: Établissement public du parc de la Villette (EPPV)
Début des travaux: 1982
Livraison: 1985

La Grande Halle de la Villette
211, avenue Jean-Jaurès, Paris XIXe

Architectes: Bernard Reichen, Philippe Robert
Maîtrise d'ouvrage: Établissement public du parc et de la grande halle de la Villette (EPPGHV)
Début des travaux: 1983
Livraison: 1985

Cité des sciences et de l'industrie
30, avenue Corentin-Cariou, Paris XIXe

Architecte: Adrien Fainsilber
Ingénieur: Peter Rice, Francis et Ritchie (serres)
Maîtrise d'ouvrage: Établissement public du parc de la Villette (EPPV), Ministère de l'Éducation nationale, de l'Enseignement supérieur et de la Recherche, Ministère de l'Industrie, Ministère de la Poste
Début des travaux: 1982
Livraison: 1986

Parc de la Villette
Parc de la Villette, Paris XIXe

Architecte: Bernard Tschumi
Bureaux d'études structures: RFR, Setec et Batiserf
Jardins thématiques:
Jardin du Dragon: Bernard Tschumi et François Ghys
Jardin des Iles, jardin des Frayeurs enfantines, jardin des Miroirs, jardin des Voltiges: Bernard Tschumi
Jardin des Bambous: Alexandre Chemetoff, Daniel Buren et Bernard Leitner
Jardin des Brouillards: Alain Pélissier et Fujiko Nakaya
Jardin des Dunes: Isabelle Devin et Catherine Rannou
Jardin de la Treille: Gilles Vexlard et Jean-Max Albert
Mobilier: Philippe Starck
Maîtrise d'ouvrage: Établissement public du parc de la Villette (EPPV)
Début des travaux: 1983
Livraison: 1989

Cité de la musique
Architecte: Christian de Portzamparc
Aménageur: Établissement public du parc de la Villette (EPPV)
Maîtrise d'ouvrage: Ministère de la Culture et de la Communication
Maîtrise d'ouvrage déléguée: EPPV

Phase 1: partie Ouest
209, avenue Jean-Jaurès, Paris XIXe

Conservatoire national supérieur de musique et de danse de Paris
Maîtrise d'œuvre: Christian de Portzamparc avec Bertrand Beau, François Chochon, Jean-François Limet, Paul Guilleminot
Acoustique: Commins BBM
Scénographie: Jacques Dubreuil
Début des travaux (résultat du concours): 1984
Livraison: 1990

Phase 2: partie Est
221-223, avenue Jean-Jaurès, Paris XIXe

Salle de concerts, musée de la Musique, amphithéâtre, café de la Musique, bureaux
Architectes: Christian de Portzamparc avec François Barberot, Bertrand Beau, Olivier Blaise, Benoît Juret, Florent Leonhardt, Étienne Pierrès
Acoustique: Commins BBM et Xu Ya Ying
Scénographie: Jacques Dubreuil, Jacques Leconte
Architecture des espaces d'exposition du musée de la Musique, scénographie et muséographie: Franck Hammoutène
Architecture intérieure du café de la Musique: Élisabeth de Portzamparc
Architecture de la boutique: Véronique Branchut
Début des travaux (résultat du concours): 1984
Livraison: 1997

Institut du Monde arabe
23, quai Saint-Bernard, Paris V[e]

Architectes: Jean Nouvel, Pierre Soria, Gilbert Lézénès, Architecture Studio
Maîtrise d'ouvrage: Fondation de l'Institut du Monde arabe
Début des travaux: 1982
Livraison: 1988

La Grande Arche
Esplanade de La Défense, Puteaux, Hauts-de-Seine

Architectes: Johan-Otto von Spreckelsen, Paul Andreu
Ingénieur: Peter Rice
Maîtrise d'ouvrage: Société d'économie mixte nationale Tête-Défense
Début des travaux: 1985
Livraison: 1989

Le Grand Louvre

Rue de Rivoli et quai des Tuileries, Paris Ier
Maîtrise d'ouvrage: Établissement public du Grand Louvre (EPLG), 1983-1998
Établissement public de maîtrise d'ouvrage des travaux culturels (EPMOTC), 1998-2001

1re tranche: 1983-1989
Réaménagement du Grand Louvre
La Pyramide, ouvrages souterrains de la cour Carrée et de la cour Napoléon, aménagement de surface de la Cour Napoléon

Maîtrise d'œuvre: Ieoh Ming Pei en association avec Michel Macary et Guy Duval (architecte en chef du palais)
Ingénieur: Peter Rice pour la structure de la pyramide
Maîtrise d'ouvrage: Établissement public du Grand Louvre (EPGL)

2e tranche: 1990-1993
Transformation de l'aile Richelieu, aménagement des salles de la cour Carrée et des salles de l'Histoire du Louvre, « Le carrousel du Louvre », gare de tourisme et parc de stationnement

Maîtrise d'œuvre:
Transformation de l'aile Richelieu: Ieoh Ming Pei, Michel Macary et Jean-Michel Wilmotte assistés de Peter Rice pour les verrières des cours
Salles de peinture de la cour Carrée: Italo Rota
Salles de l'Histoire du Louvre: Richard Peduzzi
Carrousel du Louvre, gare de tourisme et parc de stationnement: Michel Macary et Gérard Grandval
Maîtrise d'ouvrage: Établissement public du Grand Louvre, SNC le Carrousel du Louvre, SCESL

3e tranche: 1993-2001
Redéploiement des œuvres dans l'ensemble du musée, installation de l'école du Louvre dans le pavillon de Flore et rénovation des espaces de l'Union des arts décoratifs dans l'aile de Rohan

Maîtrise d'œuvre:
Antiquités égyptiennes, aile Sully: Atelier de l'île, Dominique Brard
Égypte romaine et Égypte copte, Grèce primitive et archaïque, crypte Visconti de l'aile Denon: François Pin et Catherine Bizouard
Antiquités grecques, étrusques et romaines, galeries Charles X et Campana: Architecture & Associés
Salles Mollien des arts graphiques: Jérôme Habersetzer
Antiquités orientales, cour Carrée: Agence Pylone
Salle des Sept-Mètres: Lorenzo Piqueras
Entrée des Lions et salles de peintures du pavillon des États: Yves Lion et Alan Levitt
École du Louvre, aile de Flore, pavillon des États, pavillon de la Trémoille: Antoine Stinco
Objets d'art, aile de Rohan: Jean-Michel Wilmotte
Maîtrise d'ouvrage: Établissement public de maîtrise d'ouvrage des travaux culturels (EPMOTC), 1998-2001
Établissement public du Grand Louvre (EPLG), 1983-1998

Villa Dall'Ava

7, avenue Clodoald, Saint-Cloud, Hauts-de-Seine

Architectes: Rem Koolhaas, Xaveer de Geyter, Jeroen Thomas, Oma
Ingénieur: Marc Mimram
Paysagiste: Yves Brunier
Aménagement intérieur: Petra Blaisse
Maître d'ouvrage: Mme Dall'Ava
Début des travaux: 1985
Livraison: 1991

Rue de Meaux

Rue de Meaux, Paris XIXe

Architecte: Renzo Piano Building Workshop
Paysagiste: Michel Desvigne
Maîtrise d'ouvrage: RIVP, les Mutuelles du Mans
Début des travaux: 1988
Livraison: 1991

Charléty

99, boulevard Kellerman, Paris XIIIe

Architectes: Henri Gaudin, Bruno Gaudin
Chef de projet stade: Jean-Luc Trividic
Maîtrise d'ouvrage pour le stade: Ville de Paris, direction de l'Architecture
Maîtrise d'ouvrage pour l'Olympique: Sinvim-Cogedim
Maîtrise d'ouvrage pour la Maison du sport: CNOSF (Comité national olympique du sport français)
Début des travaux: 1991
Livraison: 1994

Grande Galerie de l'Évolution

36, rue Geoffroy-Saint-Hilaire, Paris Ve

Architectes: Paul Chemetov, Borja Huidobro
Scénographe: René Allio
Muséographe: Roberto Benavente
Ingénieur structure: Marc Mimram
Maîtrise d'ouvrage: Ministère de l'Éducation nationale
Début des travaux: 1989
Livraison: 1994

Les Hautes-Bruyères

(Zac) Quartier des Hautes-Bruyères, Villejuif, Val-de-Marne
Architectes: Yves Lion, Pierre Gangnet, C. Plisson, Nina Schuch, Roland Simounet, Édith Girard
Paysagiste et maîtrise d'œuvre urbaine: Alexandre Chemetoff
Aménageur: Semasep
Maîtrise d'ouvrage: Ville de Villejuif
Début des travaux: 1985
Livraison: 1995

Ensemble de 78 logements

Avenue des Hautes-Bruyères, Villejuif, Val-de-Marne

Architecte: Yves Lion
Ingénieur: Marc Mimram
Maîtrise d'ouvrage: OPHLM de Villejuif
Début des travaux: 1985
Livraison: 1995

Fondation Cartier

Siège de Cartier S.A.
261, boulevard Raspail, Paris XVe

Architectes: Jean Nouvel, Emmanuel Cattani et associés
Chef de projet: Didier Brault
Ingénieurs structure: Ove Arup & Partners
Ingénieurs façades: Arnaud de Bussière et associés
Éclairage: Concepto
Paysagiste: Ingénieur et paysage
Maîtrise d'ouvrage: Gan Vie
Maîtrise d'ouvrage d'aménagement intérieur: Cartier S.A.
Début des travaux: 1989
Livraison: 1995

Bibliothèque nationale de France

13, quai François-Mauriac, Paris XIIIe

Architecte: Dominique Perrault
Maîtrise d'ouvrage: Mission interministérielle des Grands Travaux, secrétariat d'État aux Grands Travaux/Établissement public de la Bibliothèque nationale de France
Début des travaux: 1989
Livraison: 1995

Charles-de-Gaulle

Roissy-Charles-de-Gaulle, Val d'Oise

Architectes: Paul Andreu avec Jean-Michel Fourcade
Ingénieur structure: Paul Muller
Ingénieurs structures métalliques et façades: RFR Peter Rice
Maîtrise d'ouvrage: Aéroports de Paris
Maîtrise d'ouvrage déléguée: Christian Cléret
Début des travaux: phase 1, 1993 ; phase 2, 1996 ; études, 1990-1994
Livraison: phase 1 (partie Ouest), 1999; phase 2 (partie Est), 1999

Bibliographie
Bibliography

Principaux ouvrages permettant d'approfondir les analyses présentées dans le texte. La liste est thématique et alphabétique.

Ouvrages généraux

AGULHON Maurice (dir.), *La Ville de l'âge industriel. Histoire de la France urbaine, t. 4*, Paris, Seuil, 1984.

BARRÉ-DESPOND Arlette, *U.A.M.*, Paris, Éditions du Regard, 1986.

BERGERON Louis (dir.), *Paris, genèse d'un paysage*, Paris, Picard, 1989.

GANGNET Pierre (dir), *Paris côté cours. La ville derrière la ville*, Catalogue d'exposition, Pavillon de l'Arsenal, 1998.

LECLERQ François, SIMON Philippe (dir.), *Sous les toits de Paris*, Paris, Hazan/Pavillon de l'Arsenal, septembre 1994.

LEMOINE Bertrand, RIVOIRARD Philippe, *L'Architecture des années trente*, Paris, La Manufacture/DAAVP, 1987.

LORTIE André (dir.), *Paris s'exporte*, Paris, Picard/Pavillon de l'Arsenal, 1995.

MARCHAND Bernard, *Paris, histoire d'une ville (XIXe-XXe siècles)*, Paris, Seuil, 1993.

PINON Pierre, *Paris. Biographie d'une capitale*, Paris, Hazan, 1999.

POËTE Marcel, *Une vie de cité ; Paris de sa naissance à nos jours*, Paris, A. Picard, 1924-1931.

SUTCLIFFE Anthony, *Paris : An Architectural History*, New Haven/Londres, Yale University Press, 1993.

TOULIER Bernard, *Architecture et patrimoine du XXe siècle en France*, Paris, Éditions du Patrimoine, 1999.

Le Nouveau Paris, numéro spécial, *Le Débat*, n° 80, mai-août 1994.

L'urbanisme parisien

BASTIÉ Jean, *La Croissance de la banlieue parisienne*, Paris, Presses Universitaires de France, 1964.

CARMONA Michel, *Le Grand Paris : l'évolution de l'idée d'aménagement de la région parisienne*, Bagneux, Impr. Girotypo, 1979.

CHASLIN François, *Les Paris de François Mitterrand*, Paris, Folio Gallimard, 1989.

COHEN Jean-Louis, FORTIER Bruno (dir.), *Paris, la ville et ses projets*, Paris, Babylone/Pavillon de l'Arsenal, 1988 (édition revue en 1990).

COHEN Jean-Louis, LORTIE André, *Des fortifs au périf. Paris, les seuils de la ville*, Paris, Picard/Pavillon de l'Arsenal, 1992.

EVENO Claude, MEZAMAT Pascale de *et al.*, *Paris perdu : quarante ans de bouleversements de la ville*, Paris, Carré, 1995.

EVENSON Norma, *Cent ans de travaux et d'urbanisme 1878-1978, Paris, les héritiers d'Haussmann*, Paris, ENSBA, Grenoble, PUG, 1983.

FOURCAUT Annie (dir.), *Un siècle de banlieue parisienne : 1859-1964 ; guide de recherche*, Paris, L'Harmattan, 1988.

LACAZE Jean-Paul, *Paris, urbanisme d'État et destin d'une ville*, Paris, Flammarion, 1994.

LUCAN Jacques (dir.), *Paris des faubourgs*, Paris, Picard/Pavillon de l'Arsenal, 1996.

LAVEDAN Pierre, *Histoire de l'urbanisme à Paris*, Paris, Hachette, 1975.

PICON Antoine (dir.), *Atlas parisien, le dessus des cartes*, Paris, Picard/Pavillon de l'Arsenal, 1999.

ROULEAU Bernard, *Villages et faubourgs de l'ancien Paris, histoire d'un espace urbain*, Paris, Seuil, 1985.

ROULEAU Bernard, *Paris : histoire d'un espace*, Paris, Seuil, 1997.

L'habitation à Paris

BENTON Tim, *Les Villas de Le Corbusier*, Paris, Éditions Philippe Sers, 1984.

DUMONT Marie-Jeanne, *Le Logement social à Paris 1850-1930, les habitations à bon marché*, Bruxelles & Liège, Pierre Mardaga, 1991.

ELEB Monique, *L'Apprentissage du chez soi. Le Groupe des maisons ouvrières, Paris, Avenue Daumesnil, 1908*, Marseille, Parenthèses, 1994.

ELEB Monique, DEBARRE Anne, *L'Invention de l'habitation moderne. Paris, 1880-1914*, Bruxelles, Archives d'architecture moderne/Paris, Hazan, 1995.

ELEB Monique, CHÂTELET Anne-Marie, *Urbanité, sociabilité, intimité. Des logements d'aujourd'hui*, Paris, Éditions de L'Épure, 1997.

FRAMPTON Kenneth, VELLAY Marc, *Pierre Chareau architecte meublier*, Paris, Éditions du Regard, 1984.

LÉGER Jean-Michel, *Derniers domiciles connus : enquête sur les nouveaux logements, 1970-1990*, Paris, Créaphis, 1990.

MOLEY Christian, *L'Immeuble en formation*, Bruxelles & Liège, Pierre Mardaga, 1991.

Un lustre de logements aidés à Paris ; extérieur ville, intérieur vie, Paris, Pavillon de l'Arsenal, 1995.

Un siècle d'architecture en France, 1900-2000, AMC n° 103, décembre 1999.

Remerciements
Acknowledgements

Nous tenons à remercier tous ceux qui nous ont aidés à réaliser cet ouvrage
et en tout premier lieu les architectes :
Paul Andreu, Giorgia Benamo, Paul Chemetov, Adrien Fainsilber, Henri Gaudin, Bruno Gaudin, Franck Hammoutène, Borja Huidobro, Rem Koolhaas, Gilbert Lézénès, Yves Lion, Michel Macary, Jean Nouvel, Claude Parent, Ieoh Ming Pei, Dominique Perrault, Renzo Piano, Christian de Portzamparc, Richard Rogers, Italo Rota, Bernard Tschumi, Jean-Michel Wilmotte ;

et leurs collaborateurs :
Antoine Chayaa, Thierry Damez-Fontaine, Susan Dunn, Étienne Pierrès, Maria Salerno, Mauriz Van Der Stay, Eric Volz ;

ainsi que :
Benoît Chalandard, Vincent Saulier, Jacques Villeglé ;
Brian Brace Taylor, Laurent Duport, Soline Nivet.

Nous exprimons notre gratitude aux institutions et aux maîtres d'ouvrage qui ont facilité l'accès aux bâtiments :
Association de sauvegarde de la rue Mallet-Stevens, Claude Piéplu ;
Bibliothèque nationale de France, Sylvie Soulignac ;
Centre Georges Pompidou, Carole Rio ;
Cité de La Musique, Marie-Françoise George, Sabrina Cook ;
Conservatoire de musique, Marc-Olivier Dupin, Fathia Métadjer ;
Établissement public du Parc et de la Grande Halle de La Villette, Françoise Ducos, Jean-Louis Gaillard ;
Fondation Cartier, Linda Jarton-Chenit ;
Fondation Le Corbusier, Évelyne Tréhin ;
Fondation Groupe des maisons ouvrières ;
Musée du Louvre, Pierre Rosenberg, Catherine Bélanger, Magali Noël ;
Muséum d'histoire naturelle, Geneviève Boulinier, Amélie Jolivet ;
Union internationale des architectes ;
Aéroport de Paris, Danielle Yzerman ;
Stade Charléty, Pierre Mazé, Asina Meddour ;

ainsi que :
CPMS, André Makoehn ;
Entreprise Hervé, M. Da Silva ;
France Télécom, Jean de Brix, Annie Morizeot ;
Hôtel Holiday Inn de La Villette ;
Hôtel Méridien-Montparnasse, Daniel Boudet et Marie-Christine Allibe ;
Immobilière Loiselet & Daigremont, M. Couvoute et Mme Carvalho ;
Immobilière 3F, Stéphane Nafre ;
OPHLM, M. Claude Villa ;
SIEMP, Frédérique Branche-Talar, M. et Mme Gosselin.

Nos remerciements vont également aux habitants des immeubles et des maisons publiés :
Anne Bellal, Jacky Cohen-Olivar, José Anne de Cok, Aline Dalsace-Vellay, M. et Mme El Aïdous, Jocelyne et Jean-Pierre Emerit, M. et Mme Gresset, Daniela Gui, Claire Nguyen-Duy, Lord Palumbo of Walbrook, Mme Dominique Vellay, Catherine et Louis-Pierre Wenès ;

ainsi que toutes les personnes qui nous ont apporté leur concours :
Rachida Baba-Bushaib, Malaki Bou Saab, M. et Mme Dominique Boudet, Catherine Clarisse, Isabelle Forestier-Bonetti, Pierre-Yves et Marie-Odile Lefèvre, Carlos Rodriguez, Tommy, Grégoire Triet, M. Claude Vitrant ;

et tous ceux qui ont souhaité garder l'anonymat.

Nous remercions tout particulièrement Toshio Nakamura, éditeur de *Paris. The 20th Century Architecture and Urbanism,* numéro spécial de *A+U* qui a annoncé cet ouvrage.